New Textbook Lesson Planning Guide

小学校国語

新教科書の授業づくりガイド

情報を活用する力を育てる教え方

JN032797

吉川芳則 編著

大阪・国語教育探究の会 著

明治図書

まえがき

　小学校では，2024（令和６）年から新しい教科書となりました。学習指導要領改訂に伴うものではありませんので，各社共に大きなコンセプト，編集方針の変化はないでしょう。それでも読むこと領域では，文学，説明文共にいくつかの教材の差し替えが見られます。本書では，そうした新教材を中心に，教材研究や授業づくりの手がかりを，「情報を活用する力を育てる」という観点から，わかりやすく示しました。

　教科書教材には，「ごんぎつね」や「大造じいさんとガン（がん）」のように，時を超えて残っている定番教材と呼ばれるものがあります。しかし，その他の教材は，時代が変わり，社会のあり方が変わり，内容的に新鮮さがなくなったり，ふさわしくなくなったりして，入れ替わっていきます。とりわけ説明文は，日進月歩の科学技術，新たな見方や考え方を伝えることが中心となる文章でもあるため，どうしてもそうした新陳代謝の度合いが増します。

　教材が新しくなるというのは，教える側にとっては，教材研究を一からしないといけないということですので，負担感の増加につながります。また，どのように解釈し，指導すればよいのだろうという不安も生じます。

　いっぽうで，既に発表された多くの実践報告等による「このように教えなければならない」といった制約めいたことからは解放されます。「どうも授業がマンネリ，ワンパターンになっていて，わくわくした感じがないな…」と思っている先生方にとっては，自身の授業に変化をもたらす絶好の機会だと考えることもできます。

　とは言え，勝手気ままに教材解釈をしてよい，ことばの力を付けることを軽視した授業づくりになってしまってよい，ということにはなりません。教材研究する糸口，ヒントのようなものを手がかりにして，より深く教材を捉えていくようにしたいものです。また，授業づくりについては，せっかくの新教材です。脱マンネリ，脱ワンパターンを図るために，何かの切り口，ア

プローチの観点をもってのぞみたいところです。

　このことについて，本書では「情報を活用する力を育てる」ことを目指しています。情報を活用する国語科授業に関しては，たくさん研究，実践がなされています。最近では，ICTを使っての提案も多くなされています。しかしながら，本書では，第1章でも述べているように「情報」を以下のように整理しました。

・教材文や教材文以外の本等にある事柄〈原情報〉
・自分自身が読み取った内容〈産出情報〉
・級友の発言や教師の発問・指示，板書にある事柄等〈参考情報〉
・授業や生活のなかで得た経験や事柄〈根拠情報〉

　教材文を読み深めるには，教材文はもちろん教材文以外にもいろいろな文章を目にし（読み），聞き，書きとめ，あれこれと思いを巡らせて，「こういうことなのかな」と自分の考えを徐々に（ときには一気に）形成する過程が大切です。目の前，身の回りにある文章や事柄（情報）をしっかりと生かした読むことの授業づくりに，改めて取り組んでみたいと思います。

　第2章，第3章には，若い先生方を対象に，授業づくりのポイントや，具体的なプランを示しました。しかし，中堅，ベテランの先生方にも，読むことの授業づくりを見直し，再構築・再創造するために，本書の「情報」を存分に活用いただければと思います。新教材に一から挑戦する，ということでは，若い先生方も中堅，ベテランの先生方も，大差はないとも言えますから。

　本書は，大阪・国語教育探究の会の会員が執筆しました。わたしが代表を務める国語教育探究の会の大阪支部です。若手，ベテランの教員，指導主事，大学教員が一緒に，月例研究会で国語科実践について議論しています。様々にご意見を賜れば幸いです。

2024年5月

兵庫教育大学大学院教授　　吉川　芳則

目 次

第 **3** 章　**新教科書の授業づくりガイド**
文学編　　　　　　　　　　　　　　095

第1章

情報を活用する力を育てる「読むこと」授業のつくり方5つのポイント

1 読むことの授業で情報を活用する

　欲しい情報に容易にアクセスできる環境となりました。身近になった種々の情報をうまく使っていけるかそうでないかは，一人の人間の生きることの質を大きく変えます。情報を活用する力を，学校教育において身につけさせることが求められる所以です。

　2022年の PISA 調査（OECD による生徒の学習到達度調査）における読解力の定義も，情報を活用する力を意図し次のように示されています（文部科学省・国立教育政策研究所，2023）。（下線引用者，以下同じ。）

　　自らの目標を達成し，自らの知識と可能性を発展させ，社会に参加するために，テキストを理解し，利用し，評価し，熟考し，これに取り組むこと。

　〈測定する能力〉としては，「①情報を探し出す」「②理解する」「③評価し，熟考する」が挙げられています。教室のなかでの読むことは，得てして単にそれぞれの読みを交流して終わりがちであったことの反省に立つなら，このように，テキストを読むことで新たな知や活動を創出させるような授業づくりを志向することも考えていかねばなりません。本文から読み取ったことを用いて，某かの表現活動に展開する授業開発は，これまでにも行われてきました。しかし，ICT 環境のいっそうの充実の時代も見据えると，新たな観点を加味した重要な実践課題になると思われます。

　こうした，いわば「大きな情報活用力」を発揮させ，育成することは大事です。しかし，大がかりな情報活用を可能にし，充実させるためには，日々の国語科授業のなかで，ちょっとした情報を活用することが必要とされ，積極的に用いられる学習活動，いわば「小さな情報活用力」を多様に発揮する学習，場を設定し，意図的，継続的に指導することが現実的で，実際的です。

周知のとおり，平成29年版学習指導要領では，三つの柱のうち，国語科では〔知識・技能〕のなかに「(2)　情報の扱い方に関する事項」が新設されました。『解説編』では，以下のように述べています（文部科学省，2018：23）。

　　話や文章に含まれている情報を取り出して整理したり，その関係を捉えたりすることが，話や文章を正確に理解することにつながり，また，自分のもつ情報を整理して，その関係を分かりやすく明確にすることが，話や文章で適切に表現することにつながる（後略）

　身の回りにあることばとしての情報に的確にアクセスし，必要なものを取り出して整理すること，情報相互の関係性を捉えることを求めています。こうしたことも踏まえ，本書では国語科の読むことの授業で扱う「情報」を以下のように捉えることにします。（アからクの記号は，第2章，第3章での授業づくりに示したものと対応しています。）

┌─ ■**本書における「情報」の捉え方** ─────────────

〈原情報〉

ア　教材文にあることばや図表，絵，写真等の非連続型テキスト，及びそれらが指し示す事柄

イ　教材文以外のテクスト（作品，文章，ウェブサイト等）にあることばや図表，絵，写真等の非連続型テキスト，動画，音声，及びそれらが指し示す事柄

〈産出情報〉

ウ　自己の読み

〈参考情報〉

エ　級友による発言や記述内容（＝他者の読み）

オ　教師の読み，発問・指示

カ　板書やスクリーン等に提示された事柄

〈根拠情報〉

キ　生活経験やメディア等で見聞きした事柄

ク　学習経験

└──────────────────────────────

これらの情報の関係を示すと，図1のようになります。教科書教材を読むことの授業の場合，〈原情報〉（ア）の教科書本文だけが〈産出情報〉（ウ　自己の読み）をつくるための情報ではありません。〈参考情報〉（エ　級友による発言や記述内容，他）や，〈根拠情報〉（キ　生活経験やメディア等で見聞きした事柄，他）をどのように取り込み，どのように〈原情報〉とつなげて〈産出情報〉（ウ）を更新するか，すなわち豊かな読みをつくり出すかが大事です。とりわけ，〈参考情報〉（エ，オ，カ）や〈根拠情報〉（キ，ク）はどの授業でもすぐに活用できるもの（活用することが本来求められているもの）です。にもかかわらず，意外とじゅうぶんには機能していないように思います。

　また，〈原情報〉に含まれて置かれているイの教材文以外のテクストにあることばや図表等，動画，音声の情報も，アの教科書所収の教材文を読み深めるためには効果的な情報になり得ます。

　児童がこれらの情報を意識して捉え，関連付けて，新たな読み（情報）を産出するような授業づくりを目指したいものです。

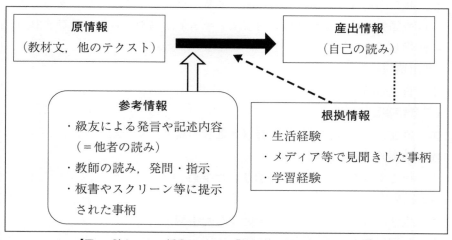

【図1　読むことの授業における「情報」の捉え方と相互関係】

2 〈原情報〉としての教材文を多面的，多角的に捉える

教材文の読み方（読みの切り口）を指導する

　文章は，ある観点で読むと，ただ読んでいたときとは違った所に目が向きます。そして，これまで意識しなかったことに気付くことができます。国語科教育でもこれまでに文学作品の「同化・異化の読み」（西郷，1989），説明文の「評価読み」（森田，1989），読むこと全般に関わっての「第三の書く」（青木，1986）など，様々な読み方が提唱されてきました。最近では，シンキングツールを用いた読みなども実践されています。これらの読み方（読みの切り口）を用いて教材を読む（教材研究をする）と，おもしろさ，大事な点が，読み深めるための新たな情報として浮上してきます。

「読み方（読みの切り口）ありき」にならないように

　ただ気を付けておきたいのは，読み方（読みの切り口）ありきで教材文を（教師も，児童も）読んでしまい，素材としての当該教材文の特徴やよさが見えにくくなってしまうことがないように，ということです。素材の特徴，よさを捉え，それらをさらに引き出し生かすために，ふさわしい読み方（読みの切り口）を採用し，得られる情報の質と量を高める手順を大切にします。

　教師は当該テクストの特徴・よさは何か，内容面から，展開・構成面から，表現面（文体，語句の使い方）から，というふうに多面的に教材研究し，授業づくりにつなげていくようにします。

　文学作品，説明文なら，それぞれ次のような点が考えられます。

┌─ ■文学作品 ─────────────────────────────────
│
│ ○内容面
│   ・人物の設定：中心人物と他の人物との関係性はどのようか。
│   ・題材，描かれている事柄・世界は，どのようなものか。
│ ○展開・構成面
│   ・誰の視点から語られているか。
│   ・空所はどこに，どのようにあるか。
│ ○表現面（文体，語句の使い方）
│   ・行動，様子，心情，情景の描写のうち，多いのはどれか。
│   ・オノマトペ，色彩表現，擬人化などは，どのように使われているか。
│
└──

┌─ ■説明文 ──────────────────────────────────
│
│ ○内容面
│   ・話題，問題に対する答え（筆者の主張）は何か。
│   ・新しく気付く（認識する）中心的な内容＝情報はどのようなものか。
│ ○展開・構成面
│   ・大きな問いの提示か。小さな問いを順次複数提示しているか。
│   ・中（本論部）の事例の述べ方はどのようか（対比，類比など）。
│ ○表現面（文体，語句の使い方）
│   ・潤色表現（描写的，擬人的，比喩的表現）はどのようか。
│   ・図表，絵，写真等の非連続型テキストはどのように使われているか。
│   ・誇張表現，決めつけ的な言い回しはないか。
│
└──

　他にも考えられるでしょうが，こうしたテクストの様々な特徴（よさや課題）に教師も児童も気付き，表現されている情報を深く，広く確認していくことが何より大切です。提唱されている種々の読み方（読みの切り口）が，そうした作業に有効に活用されることを期待します。

3 教科書教材文以外のテクストを様々にプラスする

　読むことの授業は，教科書所収の一つの教材文を対象に行われることが通常となっています。とくに文学作品は，当該作品のみをじっくりと読み味わうことがふさわしいと言うこともできます。しかし，第1節でも述べたように，情報社会では，別のテクストを重ねたり比べたりして読み，複数の情報を得て，事象を多面的，多角的に捉えること，新たな発想や考えを生み出すことが必要となります。

　別のテクストをプラスすることで，多面性，多角性はより大きくなります。当該教材文だけでは気付かなかったこと，読み至らなかったことが，別のテクストの情報を得ることでなすことができます。

　図2に，プラスするテクストを見いだし，位置付ける際のあり方を示しました。

組み合わせるテクスト（教材）のジャンル（種類）	教科書教材（別会社の，別学年の，過去の）	単行本（物語，小説，新書，絵本）	新聞，雑誌，パンフレット，広告，シナリオ	マンガ，アニメ
	辞典，事典，字典，図鑑	ネット（電子）情報	画像	動画，音声

↓

「プラスするテクスト（教材）」	

↑

組み合わせるテクスト（教材）の文種パターン〔例〕	文学＋文学	文学＋説明	文学＋映像	古典＋古典
	説明＋説明	説明＋画像・動画・音声	古典＋文学	古典＋説明

【図2　プラスするテクスト（教材）の開発のあり方】

上段には「組み合わせるテクスト（教材）のジャンル（種類）」を置いています。教科書教材文の内容や学習活動との関連で，別の教科書教材からか，それ以外の単行本や新聞，パンフレット等からか，マンガ，アニメからがよいか，と目を配ることになります。デジタル社会になり，画像，動画，音声などにも対象を広く求めることが望まれます。

　下段は「組み合わせるテクスト（教材）の文種パターン〔例〕」です。教科書教材文が文学作品の場合，そこに別の（教科書教材文であろうが，単行本の作品であろうが）文学作品のテクストをプラスするなら「文学＋文学」となります。古典テクストとの組み合わせや，画像・動画・音声などとのセットも積極的に取り組むようにします。

　マルチモーダル・リテラシー（複数のモードによって構成される生成物を対象とした，読解力や表現力，活用する力：羽田，2023）が求められる社会となっています。大村はまの単元学習などにも学び，多様なテクスト情報に触れ，活用できるような授業づくりを試みていきましょう。

4 〈産出情報〉を常に更新する

　図1に〈産出情報〉として置いた「ウ　自己の読み」は，作品や文章を読み進めるなかで，また読むたびに，どんどん新しくつくり出されるものです。しかし，その読みの更新，創出を充実させるには，図1にある〈参考情報〉の活用の仕方が重要になります。級友（他者）の読み・考えをはじめとした授業で現出する様々な〈参考情報〉（教師の読み，発問・指示，板書やスクリーン等に提示された事柄等）を児童が取り入れ，生かし，自身の新たな知を産出できるように授業を設計し，手立てを施していきたいと思います。図3に，そうした考え方を示しました。

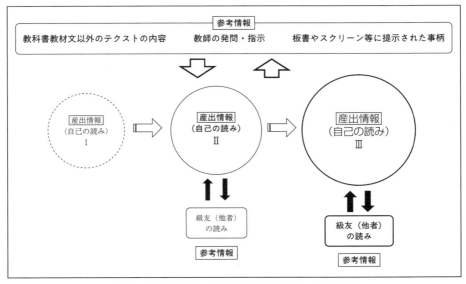

【図3　〈産出情報〉の進展と〈参考情報〉との関係】

〈参考情報〉の扱い方については，以下のようです。

❶ 級友による発言や記述内容（＝他者の読み）

　授業での発言内容が児童相互に生かされれば，読み（考え）は大いに深まります。そのためにはまず，しっかりと聞くことができるよう日頃から指導することが必要です。自分の考えと比べて，またＡさんとＢさんの読みを比べて，何が同じか（違うか）聞き分けるよう促したり，そうした聞き方をしたうえでの発言をした児童をほめたりして，参考にする事柄を得ることの価値に気付かせていきましょう。そうした聞き方ができるようになれば，発言の際に「Ａさんが○○と言っていたように（言っていたことについて）…」と，級友の発言内容を引用して述べるように導いていきましょう。

　個性的な読みをもつ複数の読者が教室にはいます。そうした読みを取り込み，自己の読みを広げ，深めることへの意識を高めていきましょう。

❷ 板書やスクリーン等に提示された事柄

　板書事項は本来，児童の読みの形成（思考や想像）の手助けになる情報が整理され示されたもの，つまり読み（学習）の参考になる情報であるはずです。しかし，下記のような内容にとどまっている板書もよく見かけます。

　・本文のキーワードがほとんどない。代わりに，児童の読み（発言内容）
　　が，黒板の全面にたくさん書かれている。
　・上記と連動して，とにかく情報量が多すぎる（書きすぎている）。
　・語句と語句，語句と読みの内容などのつながり，関係が示されていない。
　　（語句相互が線で結ばれたり，丸や枠囲みで語句や事柄の包摂関係，重
　　要度の違いを見えるようにしたり，ということがなされていない。）

　国語科の，とりわけ読むことの授業は，ことばに基づき，ことばに戻り，ことばの感覚を研ぎ澄ますものでなければならないはずです。〈原情報〉である教材文を読み解き，読み深め，読み広げるための〈参考情報〉が乏しい板書・スクリーンでは，雰囲気で表面的に読むことしかできません。ことば

の捉え方，見方が一目でわかるような板書・スクリーン上の〈参考情報〉は，進展するデジタル化の時代にあっても，再度重視されねばなりません。

❸ 教師の読み，発問・指示

　教師の読み，発問・指示が〈参考情報〉になるのは当然のことです。ただ，児童が〈産出情報〉を形成するために有効なものになっているかの確認が必要です。大事なのは，どのような観点で問うたり，指示したりするのか明確に意識しておくことです。

　発問に関しては，例えば吉川（2021）では，学習を深める段階と学習をまとめる段階の二つに分け，さらにそれぞれのなかで以下の四つの型に分けて示しました。（発問例は，代表的なものとして簡略化しています。）

・比較し判断させる型　「○○と□□を比べると，どんな違いがありますか」
・部分と全体の関係を捉えさせる型　「○○に注目すると，どのように読めますか」
・抽象と具体を結ぶ型　「これらの具体例はありませんか」
・意味・意図を問う型　「○連に□□を登場させた意味は何でしょう」

　学習のどのような段階か，どういうことをねらって読み（考え）を深めさせるのかによって，問いかけ方も，内容も異なります。今，このときに必要な〈参考情報〉を提示し，確かで豊かな〈産出情報〉を醸成させましょう。

❹ 教科書教材文以外のテクストの事柄

　第3節でも述べたように複数の事柄を合わせ，重ねることで，新たな角度，視点から教材文の内容（情報）を捉えることができます。授業の内容，付けたい力との関連で，積極的に位置付けていきたいと思います。〈参考情報〉としての活用のあり方を開発していくことが必要です。

5 根拠に基づく情報の産出を意識させる

　図1では，〈根拠情報〉という枠組みも置き，〈原情報〉である教材文等の
テクストから〈産出情報〉（自己の読み）へとつながる読みの行為に，〈根拠
情報〉が関わりをもつことを示しました。〈根拠情報〉の内容としては，生
活経験，メディア等で見聞きした事柄，学習経験などであるとしています。
生活のなかで五感を通して捉えたことをもとに教材文等のテクストを読むこ
とで，書かれてある事柄を自分事として引き寄せることになります。

　「ごんぎつね」に「次の日も，その次の日も，ごんは，くりを拾っては兵
十のうちへ持ってきてやりました。」という一節があります。さらっと読ん
でしまいそうな部分ですが，ごんが拾った栗はいがが付いたままのものです。
拾い集めるのも，いがを取り除くのも大変だったはずです。そうしたことに
思いを馳せられるよう問うてやりたいものです。栗を見たり拾ったりした児
童がいれば，そうした経験を皆で共有したいところです。

　〈根拠情報〉の要素に学習経験も置きました。「お手紙」を読んだあとに
（または並行して）同じ作者のアーノルド・ローベルの『ふたりはともだち』
にある他のストーリーのかえるくんとがまくんを読む際には，「お手紙」で
読んだ二人の関係と比べて読ませる（読んだ経験を活用させる）といったこ
とが当てはまります。

　説明文では，学ばせたい読み方を示した短い教材文と，その読み方を使っ
て読み進める長めの本教材の二つがセットになっている単元構成のものがあ
ります。これも学習経験を生かして読むことに該当します。

本章では，読むことの授業において情報活用を図るための前提となる「小さな情報活用力」を充実させる授業のあり方を中心に述べました。対象とする情報の質の違いを意識して，児童が楽しく読み進められる授業の創出につなげていきたいものです。

（吉川芳則）

【参考文献】

青木幹勇（1986）『第三の書く　―読むために書く　書くために読む―』国土社

吉川芳則（2021）『主体的・対話的で深い学びを実現する　中学校国語科教科書教材の発問モデル』明治図書，21-23

西郷竹彦（1989）『西郷竹彦　文芸学辞典』明治図書，再版1990，39-40

羽田潤（2023）「マルチモーダル・リテラシー育成を目指した国語科単元学習」『月刊国語教育研究』日本国語教育学会，No.620，4-9

森田信義（1989）『筆者の工夫を評価する説明的文章の指導』明治図書

文部科学省（2018）『小学校学習指導要領（平成29年告示）解説　国語編』東洋館出版

文部科学省・国立教育政策研究所（2023）「OECD 生徒の学習到達度調査 PISA2022のポイント」（https://www.nier.go.jp/kokusai/pisa/pdf/2022/01_point_2.pdf，2024年 3 月16日確認），8

第2章

新教科書の
授業づくり
ガイド
説明文編

1 1年 うみの かくれんぼ

写真を手がかりにしながら内容を読み取り，
驚きや発見をもとに必要なことばを抜き出し説明する

情報の活用の観点から見た本教材の特徴

　写真を手がかりにしながら，どんな海の生き物が，どこに，どのようにかくれているのか（かくれんぼをしている＝身を守っているのか）を読み取り，驚きや発見をもとに教材文や図鑑，動画などの資料から必要な情報を読み取り，ことばを取捨選択して説明する力を育てます。

❶ 入門期の児童にとって興味をもちやすい題材

　本教材は，海の生き物がかくれんぼをしているという設定の説明文であり，入門期の児童が興味をもって読み進められるようになっています。小さな頃から慣れ親しんだ遊びである「かくれんぼ」ということばが題名に含まれており，題名読みの時点から児童がイメージをふくらませることができ，楽しみや期待感をもって学習に取り組むことができます。

❷ 写真や動画の効果

　本教材は，題名のあとに海を写した大きな1枚の写真が提示されており，どのような生き物が，どこに，どのようにかくれているのだろうと予想できるようになっています。三つの生き物のかくれ方の説明では，3枚の写真を縦に掲載することで，かくれんぼの様子を時系列に沿って想起できるように工夫されています。QRコードを利用した動画による読み取りも可能です。

情報を活用した授業づくりのポイント

情報の活用① **教材文と自分の生活経験をリンクさせる（ア，キ）**

　かくれんぼという日常生活での遊びの経験の想起から，かくれ方の「こつ」に意識を向けさせることで，児童は，海の生き物たちのかくれ方の特徴を楽しみながら読み取ることができます。初発の感想では，感想の観点を明確にすることで，教材文からかくれ方の特徴に関する情報を取り出すことができます。記号を使用した箇条書きにすることで，情報を端的に取り出したりまとめたりする力を育てることにも寄与します。また，「上手にかくれることは鬼から見つかりにくくなること」であり，「海の生き物は，かくれんぼをすることで敵から身を守っている」という本文には明示されていない「かくれんぼの目的」に迫ることで，意欲的に読み取ることにつながります。

情報の活用② **写真や動画を活用した読み取り（ア，イ，ウ，エ）**

　本単元では，「何が，どこに，どのようにかくれているのか」を教材文から正確に読み取ることが求められます。入門期の児童にとっては，個々の読む力にも差があり，文字情報のみでは内容の想起や理解が難しい事柄もあります。写真や動画があることで，より詳しくイメージをふくらませることができます。ここで重要となるのは，写真や動画から読み取った内容を叙述と対応させていくことです。写真や動画を見ることで，わかったつもりになりがちです。写真・動画と叙述とを対応させながら，かくれる様子を確認し，さらに自分のことばで言い換えたり，付け加えたりしながら説明できるようにしていきます。これにより〈産出情報〉としての自己の読みを更新することにつながります。また，自身の驚きや発見をもとに，かくれ方を説明するために必要なことばを抜き出し，説明する短い文章を考えたり，かくれ方を実況させたりすることで，説明する力を育てていきます。

単元の指導計画（全10時間）

次	時	○学習活動　・主な指示や発問	指導上の留意点
1	1	○題名と１枚目の写真の読み取りを行う。 ・かくれんぼは得意ですか。 ・「うみのかくれんぼ」という題名からどんなことをイメージしましたか。 ・１枚目の写真を見て，どんな生き物がかくれんぼをしていると予想しましたか。 ○冒頭の２文だけを読み，学習の見通しをもつ。	 ・かくれんぼの経験から，得意かどうか，どのような場所にかくれると見つかりにくいのか等を想起させ，かくれ方に着目できるようにする。 ・題名読みや１枚目の写真の読み取りを通して，海の生き物のかくれんぼに興味をもてるようにする。 ・単元の終わりに，海の生き物のかくれんぼの様子を説明できるようにすることを伝える。
	2	○全文を通読し，初発の感想を交流する。 ・驚いたことや初めて知ったこと，不思議に思ったこと等をノートに書きましょう。	・感想をもつための観点を明確にする。記号を活用した箇条書きにすることで，自分の考えを表現しやすくする。（例：「！…驚いたこと，初めて知ったこと」「？…不思議に思ったこと」など）
	3	○問いと答えを確認し，「つぼみ」の構成と比較しながら，事例の数や大まかな文章構成を確認する。 ・問いの文を見つけましょう。 ・いくつの生き物がかくれんぼをしていましたか。どのようにかくれていましたか。	・本文に色鉛筆で色分けしながら線を引くことで，問い（赤）と答え（青），かくれ方の特徴（緑）等を視覚的にも理解できるようにする。
	4 ・	○縦に掲載された３枚の写真と本文とを結び付けながら，それぞ	 ・本文にある説明のことばと写真とを結び付けられるように，写真の

	5・6	れの生き物のかくれ方の特徴を確認する。 ・海の中のかくれんぼ名人から、かくれ方のこつを見つけていきましょう。	該当箇所を〇で囲んだり、矢印で繋いだりしながら、書かれている内容を確かめる。 ・写真だけでも時系列の確認はできるが、さらにイメージをふくらませるために動画も活用することで、児童の表現語彙を広げるようにする。 情報の活用① ・かくれ方の特徴を読み取り、児童のことばでネーミングを付けさせる。
2	7	〇筆者の事例選択の意図や説明の順序について考える。 ・なぜ、この三つのかくれんぼを紹介したのでしょう。 ・なぜ、この順番で紹介されているのでしょう。	・書き手の立場になって考えることで、事例選択や順序性の意図について考える批判的読みを経験させる。 ・第3次で作成する図鑑の構成を考える際に、本時の学習を生かせるようにする。
3	8・9	【A案】 〇かくれんぼをしている海の生き物を図鑑や動画から探し、説明する文章を書く。 【B案】 〇かくれんぼの様子を実況する動画やスライドを作成する。	情報の活用② 【A案】 ・自分で興味をもった海の生き物のかくれんぼについて、驚きや発見をもとにしながら、かくれ方の特徴を捉え、説明する文章を書く。 【B案】 ・動画や写真の様子に合わせて実況することで、音声言語による説明をさせる。
	10	〇書いたものを交流し、学級で1冊の図鑑（B案の場合はデジタル図鑑）にまとめる。	・図鑑にまとめるときには、筆者の事例選択や順序に関する学びを生かし、似ているかくれ方を類別し大まかな構成を考えさせる。

（一ノ瀬里紗）

2 1年 どうぶつの 赤ちゃん

「比べる」観点を明確にすることで,
比べて読むことのよさや楽しさを実感する

情報の活用の観点から見た本教材の特徴

❶ 情報の比較

　この教材を読んだとき,児童はどんな反応をするのでしょうか。きっと,しまうまの「生まれて　三十ぷんも　たたない　うちに,じぶんで　立ち上がります。そして,つぎの　日には,はしるように　なります。」という説明を読むと,「えー!」「早い!」などの驚きの声をあげることでしょう。読んでいて,驚きや発見があるというのが,まさしく本教材の魅力だと考えます。

　では,なぜこのような児童の反応〈産出情報〉が出されるのでしょうか。実は,意識しているか無意識かにかかわらず,このような反応をする児童は,情報と情報とを比較する読み方をしていると言えます。例えば,先述の例で言うと,「早い!」と言った児童の反応には,「ライオンと比べて」ということばが隠れており,「ライオンと比べて,しまうまの赤ちゃんは,早い!」としているのではないでしょうか。つまり,本文に書かれているライオンの〈原情報〉としまうまの〈原情報〉を比較しながら,自己の読みを産出しているのです。

　また,同様に,「早い!」という反応のあとに,「ヒト（私たち）の赤ちゃんと比べて」ということばが続く児童もいるかもしれません。しまうまの〈原情報〉と〈根拠情報〉（キ　生活経験やメディア等で見聞きした事柄）を比較しながら読むことができていると言えるでしょう。

❷ 豊富な関連図書

　この教材は，教科書で紹介されている以外にも，関連図書が多数存在します。この教材を読んだ児童のなかには，「他の動物の赤ちゃんは？」という問いをもつ子もいるかもしれません。豊富な関連図書のなかから，自分の興味や知りたいことに合わせて情報を抽出する力を養うことができます。

情報を活用した授業づくりのポイント

情報の活用① 情報と情報とを比べて読むことを意識化する

（ア，ウ，オ，キ）

　この教材の魅力として，「比べて読んだときの驚き」を挙げました。しかし，その驚いた児童の多くは，「比べて読む」ということを無意識のうちに行っています。そこで，「えー！」「早い！」という反応の理由を明らかにする教師の問い返し（オ　教師の読み，発問・指示）によって，その無意識的に比べている行為を意識化させることが大切になります。

　例えば，「しまうまが生まれて三十分で歩いたり，次の日には走ったりすることは，やっぱり『早い』と感じる？」「『たった七日ぐらい』と書いてあるけど，本当に『たった』？」などと問い返すと，「うん！だってライオンは二か月もおちちをのんでいる。」や「僕の弟は，１歳くらいで歩き出したよ。」などの発言が期待できます。そのやり取りのなかで，「えー！」という驚きは，しまうまと他の情報との比較から感じたことであると気付くことができます。また，情報を表などで整理することで，「比べて読む」ということを，より意識化することができるでしょう（オ）。

　さらに，ここで「比べて読む」ということの価値を考えることが大切です。ただ技能的に情報と情報とを比べて，違いを読み取ることができるようになっても「使ってみよう」という児童の意識が育たないことには，日常生活で使う資質・能力としては不十分です。「比べて読んだ方がおもしろい」と感じたり，理解したりするところまでを目指したいものです。

情報の活用② **情報を整理する観点をもって調べる（イ，エ，オ）**

　ライオンとしまうまとを比べながら読み進めたあとで，児童が「他の動物の赤ちゃんは？」という問いをもつことが予想されます。こういった問いに寄り添うことで，自ら進んで読書を楽しもうという態度を養うことができます。単元の終末には，関連図書を読んで，様々な動物の赤ちゃんの様子を比べることを十分に楽しむ時間を設けます。

　比べたことを表に整理する際には，観点をもつことが大切です。「何を」比べるのか，児童と一緒に考えます。単に「赤ちゃんの様子」について知るだけではなく，「比べる観点」に沿いながら情報を抽出し，整理します。こうした学習を踏まえて様々な動物の赤ちゃんを比べながら読むことで，多くの驚きや発見の機会を得ることができます。

単元の指導計画（全10時間）

次	時	○学習活動　・主な指示や発問	指導上の留意点
1	1	○教材文を読み，感想を伝え合う。 ・文章を読んで，どう思いましたか。	情報の活用①・② ・学習展開につながるように，この文章に「驚き」や「発見」というおもしろさがあることを確認したり，他の動物への関心が広がる問いを取り上げたりする。
2	2	○しまうまの成長は，本当に早いと言えるかどうかを考える。 ・しまうまの説明で驚きの反応が多かった理由はなぜですか。 ・本当にしまうまの成長は早いと言えますか。 ・本当に「たった」と言えますか。	情報の活用① ・読んだときの驚きや発見のおもしろさが，情報と情報とを比べて読むことで産出されていることを確認する。
	3	○しまうまとライオンの赤ちゃんの違いを読み取る。 ・前時で確認したこと以外で，違う所はまだありますか。	情報の活用①・② ・比べる観点ごとに表に整理し，比べながら読むことを意識化できるようにする。

	4	○ヒトの赤ちゃんと比べながら読む。 ・ヒトの赤ちゃんはどちらと似ていますか。 ・どんな所を比べましたか。	情報の活用② ・読者が比べやすいように，同じ観点で説明されていることに気付くことができるようにする。
	5	○成長の仕方が違うのはなぜかを考える。 ・しまうまはなぜ，大きく育ててから産むのだと思いますか。 ・ライオンが，弱々しく産まれてきても大丈夫なのはなぜですか。	情報の活用② ・しまうま，ライオン，ヒトの妊娠期間の資料を提示するなどして，児童が本文と合わせて考えをもちやすくする。
	6	○ライオン，しまうま，カンガルーの赤ちゃんを比べながら読む。 ・カンガルーの赤ちゃんの産まれたときの様子と成長の仕方を予想しよう。	情報の活用① ・三者同時に比べることが難しければ，二者間でもよしとする。
3	7 ・ 8	○関連図書を読み，複数の動物の赤ちゃんについて調べて表にまとめる。 ・どんな動物を調べたいですか。 ・何を調べたらいいですか。（比べる観点を意識する。）	情報の活用①・② ・調べる前に，第3時で整理した動物の赤ちゃんを比べる観点を確認し，調べたことを表にまとめさせる。
	9	○前時で作成した表を用いて調べたことを交流し，感想を伝え合う。 ・「えー！／すごい！／おもしろい！」と思う動物を見つけよう。 ・どこを比べてそう思いましたか。	情報の活用①・② ・表を見て，改めて気付いたことを中心に話し合わせる。
	10	○比べて読むことのおもしろさについて考える。 ・この学習で心に残っていることは何ですか。 ・比べながら読むのと，読まないのではどう違いますか。	情報の活用① ・比べて読むことで，どんなことがよくわかったか話し合わせる。

（平井和貴）

3 1年 いろいろなふね

情報を比べる機会を多くつくることで，
説明文を実感的に読む

情報の活用の観点から見た本教材の特徴

　本教材は，本格的な説明文学習の入口に当たります。「物語文はおもしろいけど，説明文は…」という児童の声をよく聞きます。説明文の授業では，「そうか！」「なるほど！」など納得や実感を伴った「楽しい」学習を構想することが鍵となります。そのために，次単元の「『のりものカード』をつくろう」と合わせて，「読む」ことと「書く」ことをつなぐ学習展開を目指します。

❶ 生活経験（既有知識）を表出させる

　児童の生活経験〈根拠情報〉（キ）と教材文〈原情報〉（ア）を関連させながら，自己の読みをつくることが大切です。本教材は，児童が図鑑で知っていたり，身近で実物を見ていたりすることなどが想定される「船」が題材となっています。こうした特徴を踏まえ，生活経験と教材文をつなぎながら，自分事として引き寄せ，実感的に読むことにつなげていきたいものです。

❷ 比較し，関連付けさせる

　様々な情報を比較し，関連付けながら読むことができる教材です。教材文〈原情報〉（ア）を，ただ読み進めるだけでなく，教材文にある情報どうしを関連付けることがポイントです。例えば，「船と船」，「写真と写真」，「写真と本文」，「児童の既有知識と教材文」，「『自己の読み（ウ）』と『他者の読み（エ）』」といったものです。授業においては，いま児童が，「何と何」を関連付けているのか，教師は明確にする必要があります。

情報を活用した授業づくりのポイント

情報の活用① 楽しく説明文に出合わせるための導入（ア，ウ，キ）

　教材文〈原情報〉（ア）の前（＝教材の扉）にある４枚の写真と，児童の生活経験〈根拠情報〉（キ）から船に関する意見が多く出るように促し，「船の名前」や，これからの学習で読みたい「役目」「つくり」「できること」に関する情報を，カードに書き出させます。

情報の活用② 情報を批判的に読むための小さなステップ

（ア，ウ，オ，カ）

　教材文〈原情報〉（ア）を読み始めた際，教師の発問〈参考情報〉（オ）により，次の２点について，児童の思考を促します。一つは，教材文に立ち返らせることで，もう一つは，四つの船を比較し，その特徴である「役目」「つくり」「できること」を観点として読み取らせることです。こうした教師の発問に対して，自己の読み〈産出情報〉（ウ）を大切にします。また，児童の自律的に読む力を育むためにも，前時の学習内容である〈参考情報〉（カ）に関わって，板書や掲示物を参考にしながら，個別に読む機会をつくるようにします。

情報の活用③ 自分と筆者を比べて読む（ア，ウ，エ，オ，ク）

　筆者の説明の意図を問うことで，情報と情報との関係を理解できるようにします。その際，いきなり「筆者はなぜこの順番に説明したのでしょう」と問いたいところですが，一工夫しましょう。まず，「自分が一番紹介したいなと思った船はどれですか」と発問します。「一番……」を考えたあとに，残りの船についてもランキング付けを促すように，教師の発問〈参考情報〉（オ）を工夫します。ここで児童どうしの考えに「ズレ」が生まれます。ランキング付けの違いやその理由・意図について，他者と交流〈参考情報〉（エ）することによって，児童は「説明の順番には理由があること」を自覚します。こうした学習経験を〈根拠情報〉（ク）として生かしながら，最後

に筆者の意図を問うことによって，説明の順序について，自分と筆者の考え方を比べることができます。「自分はこう考えていたが，筆者はおそらくこのように考えて，この順番にしたのだろう」と筆者の意図を実感的に捉えることができ，新たな自己の読み〈産出情報〉（ウ）として，学びを更新していきます。

情報の活用④ **学習したことを生かす言語活動（イ，ク）**

〈根拠情報〉（ク）に位置付けられる，ここまでの学習経験を生かして，「いろいろなのりものカード」を作る言語活動につなげていきます。〈原情報〉（イ）である図書資料から，自分が選んだ乗り物の「役目」「つくり」「できること」に関する情報を探し，カードに書き出していきます。児童の学習経験がこの活動に生きるようにすることが大切です。さらに，教師は「読むこと」に課題のある児童を想定して，「役目」と「つくり」の関連がはっきりした図書資料を用意し，最後まで児童の関心・意欲が継続した状態で，楽しく，力が付くように留意する必要があります。

単元の指導計画（全12時間）

次	時	○学習活動　・主な指示や発問	指導上の留意点
1	1	○船に関する既有知識を共有し，教材文の扉の４枚の写真を見る。 ・どんな船を知っていますか。 ・（４枚の船の写真）この船のことで知っていることはありますか。 ○学習の最後にいろいろな乗り物のカードを作るという学習の見通しをもつ。	**情報の活用①** ・４枚の写真から，「船の名前・役目・つくり・できること」に関する情報をカードにまとめて掲示する。 ・児童の習熟度に応じて，児童用端末を活用して，カードを作成させる。
2	2	○教材文を読み，文章の大体を捉える。	・例示されている船の数や種類などを観点に読む。
	3	○四つの船の違いから，それぞれの船の役目を読み取り，それぞれの船のカードに役目を書き込む。	**情報の活用②** ・四つの船を再度見直す発問から，それぞれの特徴を見つけ，名前と役目の違いをカードに書き出せる

		・四つの船を説明しているけれど，四つもいりますか？	ようにする。
	4	○客船とフェリーボートの役目を比較し，つくりの違いを見つけ，それぞれの船のできることを考え，カードに書き込む。 ・客船とフェリーボートは人を運ぶから同じでいいですか。どこが違いますか。	**情報の活用②** ・教材文の写真も活用し，「こんな役目」だから「こんなつくり」になっていて，「こんなことができる」というつながりを意識できるようにする。
	5	○前時の学習を生かし，漁船と消防艇の役目から，つくりの違いを見つけ，それぞれの船のできることを考え，カードに書き込む。	・前時の学習を十分想起させ，自力で比べて読む力につなげるようにする。
	6	○四つの船をお気に入りの順にランキング付けし，筆者が説明した順番の理由を考える。 ・一番紹介したい船はどれですか？他の船もランキングして，理由と一緒に友達に教えてあげましょう。 ・みんなのランキングと一緒でしたか？筆者は何でこの順番で説明しようと考えたのでしょうか。	**情報の活用③** ・自分の紹介したいランキングを作り，順番に理由があることを自覚させたあと，説明の順序についての筆者の意図を読むことで，自分と筆者を比べ，共通点や相違点を考えながら読めるようにする。
	7	○これまでの学習を生かし，教師が準備した五つ目の船について，カードにまとめ，教材文のなかに入れるときの順番を考える。	・第３次につながるように「役目」と「つくり」がはっきりし，順序がわかりやすい船の写真や資料も準備する。
3	8～10	○いろいろな乗り物カードを作るために関連図書を読み，調べたい乗り物について調べる。	**情報の活用④** ・「役目」と「つくり」の関連がはっきりした関連図書を「読み」に課題のある児童を想定し用意する。
	11	○同じ仲間の乗り物カードを集め，乗り物カードブックを作り，他のグループの乗り物カードブックを読み，感想を伝え合う。	・役目とつくりのつながりや順序性など，交流の観点が明確になるようにする。
	12	○学習を振り返り，次に説明している文章を読むときにできること（コツ）についてまとめる。	・次に説明文を読むときに，今回の学習をどのように生かせるかを考えられるようにする。

（畠中紹宏）

4 2年　どうぶつ園のじゅうい

関連する資料や生活経験，級友の考えと重ねて読むこと，問い
をもとに関連付けて読むことで，自分の感想や読みを深める

情報の活用の観点から見た本教材の特徴

　この教材は，動物園の獣医の一日の流れに沿って仕事の様子が説明されて
います。時系列に並べ，仕事の内容を整理することで大体の内容を把握する
ことができます。そのうえで，獣医のすることとその理由を関係付けて読ん
だり，関連する資料や生活経験，級友の考えと重ねて考えたりすることで，
読みを深めます。

❶ 児童にとって興味深く，様々な感想や考えをもちやすい教材

　動物園は，様々な興味・関心を抱きやすい題材です。動物園の飼育員の仕
事は知っていても，獣医の仕事は初めて知る児童も多いでしょう。獣医の仕
事のすごい所，工夫，大切さなど多様な感想がもてる教材です。

❷ 書かれている事柄を関係付けて読む力が求められる教材

　動物園で働く獣医が，いつ，どんな仕事をしているのか，ある一日を例に
挙げ，時間的な流れに沿って説明されています。さらに，その仕事をした理
由や，工夫したことも詳しく書かれています。そのため，仕事内容を整理す
るだけでなく，書かれている事柄を関係付けて読むこと，他の情報と重ねて
読むことで，獣医の仕事について，深く理解し多様な感想や考えをもつ力を
育てることができる教材です。

情報を活用した授業づくりのポイント

情報の活用①　児童の感想から学習課題を設定する（ア，イ，キ）

　動物園は，様々な興味・関心を抱きやすい題材です。動物園の飼育員のことは知っていても，獣医のことは，初めて知る児童も多いでしょう。第１時では初読後に獣医の仕事に絞って感想を聞き合います。獣医の仕事のすごい所，工夫，大切さなどが感想として想定されます。それを生かして，「獣医さんの仕事の一番すごい所や大切な所を最後に書こう」という活動を第１次で設定し，学習する目的とゴールを示します。

情報の活用②　教材と関係する資料や生活経験を活用して読む

（イ，オ，キ）

　第２次で読みを深めるときには，本文と挿絵や写真，他の情報を重ねて読むことにします。例えば，第４時で扱う園内を見回るという仕事は，それ相当の時間を要します。また，「毎日している」ということも意外と読み飛ばしがちです。実際に近くにある動物園のパンフレットなどを活用し，動物園の広さを知ったうえでもう一度読み返すと，初発のときとは違った感想や考えをもつことができます。それぞれの事例については，教師の問いをもとに獣医のすること，その理由や工夫，必要性について考えをもてるようにします。また，生活経験とつなげることも大切です。例えば，児童の書く日記と獣医が書く日記では内容が異なります。自分たちの書く日記と獣医の実際の日記の内容や目的を比べて読むことで，獣医が仕事として日記を書くことの重要性に気付くことができます。

情報の活用③　級友の考えを聞き合い，自分の考えを拡充する（ウ，エ）

　第３次では，獣医の仕事で一番すごい所（大変な所），一番大切だと思うことを書いて伝え合います。そして，自分と級友の感想を比べ，読みを広げます。さらに，今後の学習に生かせる所を見つけます。

単元の指導計画（全10時間）

次	時	○学習活動　・主な指示や発問	指導上の留意点
1	1	○単元の見通しをもち，学習課題を設定する。 ・動物園に獣医さんがいることを知っていましたか。 ・獣医さんの仕事を読んで思ったことを書いて，交流しましょう。	**情報の活用①** ・題名を読み，獣医と飼育員の違いを確認させる。 ・「獣医さんの仕事の一番すごい所や大切な所を最後に書こう」という活動を設定し，学習のゴールを示す。
	2	○獣医の具体的な仕事内容を整理し，全体の文章構成をつかむ。 ・どんな順番で，いくつの動物の例が出てきましたか。 ・毎日する仕事はどれですか。	・写真と本文をつなぎ，四つの動物の事例が書かれている段落を見つけられるようにする。 ・見回り，日記を書く，体を洗うことも毎日の仕事と気付けるようにする。
2	3	○それぞれの仕事の内容について詳しく読み，感想をもつ。	**情報の活用②** ・疑問を手がかりに，仕事，したわけ，工夫したことをつなげて読めるようにする。
	4	○見回りの仕事を読む。 ・見回りにはどれぐらいの時間がかかると思いますか。 ・見回りの仕事は毎日しないとだめですか。	・動物園のパンフレットなどを活用し，園内の広さ，多くの動物がいることを実感させる。 ・毎日する仕事の必要性に気付けるようにする。
	5	○四つの事例を読み，獣医の工夫を見つける。 ・いのししには，何をしましたか。 ・なぜ，いのししをしっかりと押さえないのですか。 ・にほんざるには，何をしましたか。 ・食べないなら，何もあげなくていいのではないですか。 ・ワラビーには，何をしましたか。	・仕事の必要性についても気付けるようにする。 ・写真と本文をつなげて考えるようにする。 ・工夫に気付けるようにする。 ・工夫をしたことと，なぜそのようなことをするのかをつなげて考えられるようにする。 ・もしも治療ができなかったらどうなるかを考えることで，必要性に

		・なぜ，3人の飼育員さんが押さえているのですか。 ・ペンギンには，何をしましたか。 ・にほんざるの経験を生かして，作戦を考えてからペンギンを助けてはどうでしょうか。	気付けるようにする。 ・緊急の事態であることを文章から読み取れるようにする。 ・ボールペンを飲み込んだままだとどうなるか想像させる。
	6	○日記を書く仕事を読む。 ・みんなの日記と同じ書き方でいいですか。 ・毎日書かないとだめですか。	・児童の日記と獣医の日記を比べて，書き方や目的の違いに気付けるようにする。 ・実際の日記を用意する。
	7	○お風呂に入る仕事を読む。	・お風呂に入り，体を洗うことも大切な仕事だと気付けるようにする。
3	8	○獣医の仕事ついての感想を書き，伝え合う。 ・獣医さんの仕事のなかで，自分が一番大変だと思った所はどこでしょうか。そのなかで，一番大切な仕事だと思うことは何でしょうか。自分の感想を書きましょう。	**情報の活用③** ・もう一度全文を音読する。また，学習ノートや板書記録を読み返すなど，今までの学習を生かして感想が書けるように配慮する。 ・すごいと思った所につながるように，仕事の大変さに着目できるようにする。
	9	・自分の感想と比べて，同じ所や違う所，いいなあと思う所を見つけられるように読み合い，感想を伝え合いましょう。	・タブレット端末でそれぞれの感想を読み合えるようにする。 ・級友の意見をメモしておくようにする。
	10	○自分の学習を振り返り，まとめを書き，伝え合う。 ・振り返りを聞き合い，今後の学習に生かせるようにしましょう。	・自分の初発の感想とまとめの感想を比べて，読みが深まったことをを意識させる。 ・級友の感想を読み，次の学習の目標にしたいことを書けるようにする。

（大橋健太郎）

【参考文献】
全国国語授業研究会・筑波大学附属小学校国語研究部編（2023）『子どもと創る言葉の学び「個別最適な学び」と「協働的な学び」が充実する国語授業』東洋館出版

5 2年　ロボット

漫画形式への書き換えによって，情報を関係付けて読み，その
表現様式を使って，自分がすごいと思ったロボットを紹介する

情報の活用の観点から見た本教材の特徴

　低学年の説明文の場合，本文の情報（文・語句など）を関係付けて理解す
ることは思いのほか難しいものです。本教材では，説明文を漫画に書き換え
ることによって本文の情報を関係付けて理解する学習，漫画の表現形式を使
い，すごいと思ったロボットを紹介する学習を構想することができます。

❶ 同じ構成で書かれた各事例の説明

　どの事例も「説明Ａ：ロボットの役割と機能」「説明Ｂ：人が助けを必要
とする場面」「説明Ｃ：ロボットの役立ち方」という同じ構成で説明されて
いるため，内容は理解しやすいでしょう。しかし，それゆえに事柄の理解と
いう表層的な読みにとどまる可能性があります。事例を構成する〈原情報〉
を関係付けて理解できる学習活動が必要になります。

❷ 筆者から読み手への問いかけ

　本教材の末尾では，筆者が，「どんなロボットがあればよいか」と読者に
問いかけ，考えることを促しています。この問いかけが，児童の「自分でも
考えたい！」という意欲を高め，教材文以外の資料にアクセスするきっかけ
となります。教材文以外の資料を重ねて読むことで，新たな発見や気付きが
生まれ，ロボットに対する認識も深まります。さらに，級友との交流から得
た〈参考情報〉によって，さらなる〈産出情報〉の深まりが期待できます。

情報を活用した授業づくりのポイント

情報の活用① 漫画に書き換えることで，情報を関係付けて理解する

（ア，ウ，エ，キ）

　どの事例も同じ構成で，さらには平易な語句と表現で説明されています。しかし，「説明B：人が助けを必要とする場面」に直面したことがある児童は少なく，書かれていることを実感的に理解することは難しいでしょう。そうなると，助けを必要とする場面において，ロボットの機能がどのように役立ち，それによって困った状況がどのように解決されるかを関係付けて理解することはさらに難しくなりそうです。それぞれの情報を関係付けて理解するためには，情報を自分の手で再構成することが有効です。そこで，「説明文」の形式を「漫画」の形式に書き換えさせます。書き換えた漫画の1コマ目は「助けを必要とする人のことば」を，2コマ目は「擬人化したロボットが自分の機能がどのように役立つか説明することば」を，3コマ目は「ロボットに助けてもらい喜ぶ人のことば」を吹き出しに書かせます。漫画と本文は，1コマ目は説明B，2コマ目は説明A，3コマ目は説明Cというように対応しています。前後のコマが関係し合う漫画に書き換えることで，三つの説明を関係付けて理解することができます。また，1コマ目は，助けが必要な状況について自身の経験〈根拠情報〉（キ）も活用して書くことになります。これは，「説明B：人が助けを必要とする場面」の実感的な理解にもつながります。

情報の活用② 資料の情報を整理し，関係付けて書く（イ，ウ，エ，キ）

　第3次では，「筆者から読み手への問いかけ」という特徴を生かし，「自分がすごいと思ったロボットを紹介する」という学習活動を設定します。この学習活動では，ロボットについて説明した資料〈原情報〉（イ）から選んだロボットについて，第2次同様に漫画で書き表します。このように第2次で用いた漫画形式は，第3次でも表現形式として活用できます。また，表現形

式だけでなく，児童が資料からすごいと思うロボットを選ぶときの観点にもなります。助けを必要とするどのような場面（1コマ目）で，どのような機能をもったロボットがどのように役立ち（2コマ目），どのように解決できるのか（3コマ目）と自然に資料の情報を関係付けて読みながら，ロボットを選ぶことができます。

単元の指導計画（全9時間）

次	時	○学習活動　・主な指示や発問	指導上の留意点
1	1	○読みの素地づくりをする。 ○ロボットに関する知識を共有する。 ・ロボットについてどのようなことを知っていますか。 ○題名読みをする。 ・ロボットのどのようなことを説明しているでしょう。	・身の回りに多くのロボットがあることに気付くことができるようにする。 ・内容を予想することで，教材への興味を高める。
2	2	○内容と構成を大きく捉える。 ・本文を通して読みましょう。 ・いくつのロボットについて説明されているでしょう。 ・問いの文は何段落にあるでしょう。 ○本文の構成を捉える。 ○通読時の問いについての考えを交流する。	・内容と構造を捉えるための観点をもって読むことができるよう，発問をしてから読ませる。 ・本文は「はじめ―中―終わり」で，中は三つの事例で構成されていることを確認する。
	3	○事例の内容と構成を捉える。 ○事例を構成する各文が何について説明しているか考える。	・どの事例も同じ構成であることを理解できるよう，三つの事例の構成を比較する。
	4	○漫画に書き換え，事例の各説明を関係付けて理解する。 ○漫画形式で書く方法を知る。	情報の活用① ・1時間の展開（全事例共通） ・漫画に書き換えるには，教科書をよく読む必要があることを伝え，

	5	○説明Bから，人の助けが必要な状況を具体的に想像する。 ○漫画形式で書き換える。	教科書から情報を取り出すことを意識付ける。 ・「自分ならどのような荷物を受け取れないと困るか」などと問うことで，自身の経験を活用して具体的に書くことができるようにする。
	6	○級友と書き換えた漫画を読み合う。	・自分と級友の漫画の相違点に着目するよう促し，ロボットが役立つ場面や役立ち方への理解を多面的に深めることができるようにする。
3	7	○資料を読み，自分が紹介したいロボットを見つける。	**情報の活用②** ・筆者の問いかけに対応したロボットを選ぶことができるよう，各コマに書くことばを考えながら選ぶように伝える。
	8	○選んだロボットの説明を漫画で書き表す。	
	9	○級友と漫画を紹介し合う。	・ロボットへの認識を深めることができるよう，多くの級友と紹介し合うよう促す。

【漫画形式のワークシート記入例（稿者作成）】

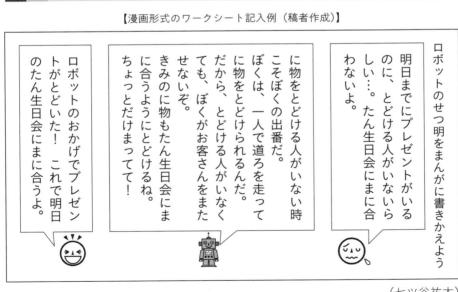

（七ツ谷祐太）

6　2年　どうぶつ園の　かんばんと　ガイドブック

看板とガイドブックを読み比べて，共通点，相違点，役割を捉えて，「動物のじまんガイドブック」を作る

情報の活用の観点から見た本教材の特徴

　前文では，田中さんが動物園でゾウとその看板を見て，もっと知りたいと思い，ガイドブックを買うという設定がされています。その看板とガイドブックを読み比べて，この二つの説明文の読み方と書き方を学び，動物園にいる様々な動物が載っているガイドブックを作ります。

❶ 児童にとって興味深く，動物を図鑑類で調べたくなる教材

　動物園で，目の前にいる動物を見て楽しみ，看板の説明を読むと興味がわいてくるでしょう。その後，ガイドブックや図鑑類があれば，見学した動物と看板を思い起こし，動物の棲んでいる場所や体の大きさ，食べ物や体の特徴などを調べたくなります。そんなことが想像できる教材です。

❷ 看板とガイドブックを読み比べて，その読み方や書き方を学べる教材

　本教材は，看板とガイドブックの説明文を読み比べることによって，文章量，それぞれの説明のよさ，「どんなときに」「どんな人が」読むのかなど，二つの説明の違いがわかっていきます。また，二つの説明文の相違点は，それぞれの説明の役割にどうつながっているのかなど，読み方を学ぶことができます。さらに，看板（端的で短い表現）をガイドブック（詳しく豊かな表現）へとふくらませる内容や述べ方などを意識できることにもつながり，看板やガイドブックの書き方も学ぶことができます。

情報を活用した授業づくりのポイント

情報の活用① 二つの説明文を比較して，説明のよい点や役割などを捉える

(ア，ウ，オ，カ)

　本教材の看板とガイドブックの説明の共通点は，四つの項目「すんで　い
る　場しょ」「体の　大きさ」「たべもの」「体の　とくちょう」です。相違
点については，看板は，"要点"，"一言"という「短いまとめ」と言えます。
一方，ガイドブックは，"項目ごとに文（章）"という「詳しい説明」と言
えます。とくにガイドブックの後半には，「太い　あし」「大きな　耳」「長
い　はな」とそれぞれの部位について，絵も使って，それぞれの役割も含め
た詳しい説明が加わっています〈原情報〉。二つの説明の共通点と相違点が
明確になるように〈参考情報〉として表に整理することで，それぞれの説明
のよさや，「どんなときに」「どんな人が」読むのか，そして役割などが浮か
び上がり，自己の読みが明確になっていきます〈産出情報〉。

情報の活用② 「動物のじまんガイドブック」を作る（イ，ウ，エ，カ）

　第3次では，看板とガイドブックに載せる他の動物の説明を児童が書き表
します。その際，ガイドブックには，「動物のじまんガイドブック」と「じ
まん」ということばを付け加えます。そうすることで自分の調べた動物を意
欲的に表現していきます。「じまん」は，つまり，動物たちがもっている
「生きていくために必要な特長」であると考えるからです。

　まず，二つの説明に共通する四つの項目に何を選ぶのかという「選択」，ど
ういう順序にするのかという「順序付け」を考えるのに，アフリカゾウの項
目を参考にします。「すんで　いる　場しょ」については，必ず一番目の項目
とします。他の項目については，その動物にふさわしい項目とその順序を考
えます。次に，看板にある短くまとめた説明を考えます。そして，その看板
の説明の内容をふくらませてガイドブックへと進みます。前に述べたように
アフリカゾウでは，「体の　とくちょう」の項目の後半に，さらに体の部位ご

とに詳しい説明をする工夫もありました。しかし，児童が調べる他の動物では，伝えたい体の状態や特徴などが異なっていると考えられます。図鑑などの並行読書によって見つけた動物の個別の体の状態や動き，棲みか，食べ物などの特徴に合わせて，異なった項目について詳しく書き表していきます。

　このように，教材文にある二つの説明と図鑑などを〈原情報〉とし，教師の発問・指示と級友との交流から得た〈参考情報〉が加わり，〈産出情報〉が重ねられ更新していくのです。

単元の指導計画（全11時間）

次	時	○学習活動　・主な指示や発問	指導上の留意点
1	1	○前文を読んで，「どうぶつじまんガイドブック」を作成するという学習の見通しをもつ。 ○以後，図鑑やネット情報を用いて並行読書をする。	情報の活用② ・動物図鑑を読んで，看板とガイドブックの説明を活用することを伝える。 ・図書館や学級文庫も活用していくようにする。
2	2	○アフリカゾウの看板の説明を視写して内容を読み取る。 ・なぜ，「すんで　いる　場しょ」「体の　大きさ」「たべもの」「体の　とくちょう」の四つの項目について書かれているのでしょう。	・体全体が大きいということと関係があることに気付くようにする。 ・並行読書によって，調べたい動物の項目を考えておくように伝える。
	3	○アフリカゾウのガイドブックの説明の前半の２ページを視写して，読み取っていき，看板の説明との共通点を見つける。 ・看板とガイドブックの説明の同じ所を見つけましょう。	情報の活用① ・看板とガイドブックを読み比べるために，板書を工夫し，線を引かせる。二つの説明の項目が同じであることに気付かせる。 ・ノートやワークシートを活用して，整理して書くようにする。
	4	○看板とガイドブックの説明の相違点を見つける。 ・看板とガイドブックの前半との違いを見つけましょう。 ・「りくに　すんで　いる　どう	情報の活用① ・違いに線を引かせ，文章量や文末の違いや，ガイドブックにだけある文章表現に気付かせる。 ・読者に「なるほど」「そうだった

		ぶつの 中で, もっとも 大きい」「たべものは, しょくぶつ」「一日の うち, おきている 時間の ほとんどは…たべている」などがガイドブックにあるのはなぜですか。	のか」と思わせるような, 他の動物との比較の内容が, ガイドブックにはあることに気付かせる。
	5	○ガイドブックの後半の2ページの説明を読み取る。 ・ガイドブックになぜこの説明があるのか理由を考えましょう。 ・「あし」「耳」「はな」は, なぜそのような特徴があるのか, また, どのようなことに役立っているのかを考えましょう。	・ゾウの部位の特徴がその役割につながっていることに気付かせる。すなわち, ゾウの大きな特徴は, 体全体の大きさであり, それが体の部位の大きさにも関係していることにも気付くようにする。
	6	○看板とガイドブックを比較した表を完成し, 各々の説明のよい所やどんなときに, どんな人が読むのか, 比較しながら考える。	情報の活用① ・共通点や相違点を整理しながら, 気付いたことを交流するよう促す。 ・相違点と役割とがどう結び付いているかも考えさせる。
3	7	○並行読書によって見つけた自分が紹介したい動物について, 看板の説明の内容を, 一番伝えたいことをもとに書く。 ・「すんで いる 場しょ」は必ず一番初めに書き, 他の三つの項目を何にするか, どういう順番にするかを考えましょう。	情報の活用② ・アフリカゾウの看板を参考に, 項目のうち, 「すんで いる 場しょ」は必須とし, 「体の 大きさ」「たべもの」「体の とくちょう」については, 児童自身が伝えたいことをもとに, 変更してもよいと伝える。 ・他の動物と比較したり, 数値で表したりするなどの工夫も促す。
	8	○看板を短くまとめて書く。	
	9	○看板の内容をふくらませて, ガイドブックで伝えたい内容を絵や図なども含めて書き表す。	・看板の項目に合わせて, 内容をふくらませ, また, 「じまん」につながるように助言する。
	10	○前時の続きを書く。出来上がったガイドブックの説明を交流し, よい所を見つけたり, わかりにくい所は指摘し合ったりする。	・教師は, 児童が前時に書いた説明を前もって読んでおき, それをもとに個別指導する。
	11	○全員のガイドブックを発表し合い, 工夫した所などよい所を交流する。	・2, 3人で交流し, 必要があれば, 修正をするよう促す。 ・タブレット等を活用し, 内容を見ながら説明を聞けるようにする。

（田窪　豊）

7 3年 すがたをかえる大豆

筆者の意図や表現の工夫に気付き,「書く」ことにつなげる

情報の活用の観点から見た本教材の特徴

❶ 身近にある情報をもとに興味・関心を広げ,書く活動につなげる

　本教材は,普段から食材として児童の身近にある大豆が題材となっていることから,〈根拠情報〉(キ)にあたる生活経験と結び付けやすい教材です。この身近な大豆が,同様に身近にある豆腐や味噌などの食材に変わっていることの不思議さや驚きを感じ,児童の興味を誘います。児童が〈原情報〉(ア)にあたる教材を読み進めるなかで,「大豆だけでなく,他にも同じように姿を変える食材があるのではないか」と興味・関心が広がる内容となっています。

　また,この教材文は事例列挙型の説明文となっています。文章構成も「はじめ―なか―おわり」がはっきりしています。文章構成の「なか」にあたる部分で,姿を変える方法や,何に変わるかがまとめられています。そして,事例ごとに情報がまとめられており,内容や構成が読み取りやすくなっています。

　そのため,次単元の「書く」こと領域の「食べ物のひみつを教えます」とつないで単元構成をします。そうすることで,「読む」こと領域の〈産出情報〉である,読み取った内容や構成を,「書く」活動につなげることができます。例えば,「すがたをかえる〇〇」というテーマで,児童自身が興味をもった,姿を変える食材の秘密を紹介する「すがたをかえる〇〇」というテーマの「書く」活動に展開します。説明文で読み取ったことや,獲得した書き方を生かすことで,単元相互のつながりを豊かにしたいものです。

❷ 丁寧な読み取りで，大豆の姿の変わり方を読む

　前述した通り，この教材文は身近な食材である大豆の姿の変わり方を読み取り，あわせて筆者の意図や表現の工夫を読み取ります。しかし，読み深めることができず，読み取り方を間違えると，第3次の書く活動で「お肉は焼くと焼肉になり，茹でるとしゃぶしゃぶになります」や「卵はオムライスと玉子焼きになります」のように，食品名や食材名ではなく料理名となり，成果物が料理レシピになってしまうことがあります。〈原情報〉である教材文の「はじめ」に書かれている「いろいろな食品にすがたをかえていることが多い」などを丁寧に読み，大豆が「煎る」「挽く」「煮る」「蒸す」などを経て，新しい材料に変わっていくことなど，調理方法ではなく，どのように姿を変えているかを読めるように指導を進める必要がある教材です。

情報を活用した授業づくりのポイント

情報の活用① 批判的に読むことで，児童が筆者の表現の意図や工夫に気付く（ア，エ，オ）

　〈原情報〉（ア）である教材文には，大豆が変わっていく事例が八つも掲載されています。そこで，〈参考情報〉（オ）にある教師の発問により，八つの事例の必要性や順序性を児童が批判的に読み，思考できるようにします。また，批判的に読んだ内容を児童どうしで共有することで，〈参考情報〉（エ）にある他者の読みを共有することができ，読みを深めながら，児童は新たな〈産出情報〉としてアップデートします。そして，児童はそれを筆者の書き方の工夫として取り入れ，自身の書く活動に生かすことができます。

情報の活用② 教室の学びから日常生活への学びの広がり（ア，イ，キ，ク）

　〈原情報〉（ア）の教材文の学習に入る前に，まず，題名読みをしたり，初発の感想を共有したりしながら，〈根拠情報〉（キ，ク）となる大豆や，姿を変えた大豆に関する既有知識や既習事項を確認します。そのなかで，児童から「チーズやヨーグルトは牛乳からできている」「餅は米からできている」

等の意見が出されれば，第３次の学習へとつなげ，学習の途中で大豆の姿の変わり方と比較していきます。

〈原情報〉（ア）にある教材文を読み，学習を進めるなかで，〈根拠情報〉（キ）にある生活経験やメディア等で見聞きした事柄を取り入れながら学びを進めることで，〈産出情報〉のアップデートが進みます。

また，〈根拠情報〉（キ）は，第３次の表現活動に広がりを見せます。学習後も教室の学びが日常生活へ広がり，食卓にあがる料理や，買い物の際に商品ラベルを見たときに，教室の学びが〈根拠情報〉となり，日常生活における〈産出情報〉がアップデートされることを期待します。

単元の指導計画（全11時間）

次	時	○学習活動　・主な指示や発問	指導上の留意点
1	1	○題名読みをする。 ・大豆は，どんな姿に変わるか知っていますか。	**情報の活用②** ・大豆以外の食材に広がりが出てきたときは，第３次につなげるようにする。
	2	○教材文を読み，初発の感想や大豆の姿の変え方で一番驚いた内容を級友と共有し，学習の見通しをもつ。	・共有した内容以外の例示の必要性を第４時の筆者の意図の検討につなげるようにする。
2	3	○文章構成を確認し，全体に関わる問いの文章を考える。	
	4	○筆者が多くの例示を挙げた理由を考える。 ・一番驚く内容だけ説明してはだめですか。筆者はなぜ，八つも例を挙げたのですか。	**情報の活用①** ・「はじめ」や「おわり」と関連させながら，根拠をもって筆者の意図を考えるようにする。

	5	○筆者がどのような順序で例を挙げたかを考える。 ・みんなが題名読みのときに発表した，大豆の変わり方はどの変わり方と同じですか。 ・筆者はなぜ，この順番で説明したのですか。	**情報の活用①** ・筆者の意図を検討するだけでなく，説明文を書くときに読み手を意識していることに気付くことができるようにする。 ・他者と意見交流することで，自分の見方や考え方を広げられるようにする。
	6	○「おわり」の部分の内容と最初に考えた問いの文章が対応しているかを考える。 ・筆者は最初にみんなが考えた「問い」の文章に対して，「おわり」の部分で答えていますか。 ・「おわり」の最後の3行は必要ですか。	
3	7	○級友に紹介したい「すがたをかえる○○」の材料を選ぶ。 ・「すがたをかえる大豆」で学習した食べるための工夫と比べながら選びましょう。	**情報の活用②** ・児童の実態に応じて，「○○」にあたる食材を教師が提示してもよい。 ・例示の数を制限することで，伝えたい内容を焦点化するために思考を働かせることにつなげる。 ・材料を選んだり，調べた内容を書いたりする際に，大豆の工夫と比較しながら考えるようにする。
	8 ・ 9	○図書資料で調べた内容や，生活経験やメディア等で見聞きした事柄をもとに，「すがたをかえる○○」を書く。	
	10	○完成した「すがたをかえる○○」を級友と読み合う。	
	11	○学習の振り返りをする。 ・学習を振り返って，これまでの自分と変わったことを書いて発表しましょう。	**情報の活用②** ・自分の見方や考え方が広がったことを実感できるようにする。

（畠中紹宏）

8　3年　せっちゃくざいの今と昔

書かれた事例と書かれていない事例に着目することで，
筆者の説明のねらい（意図）に迫る

情報の活用の観点から見た本教材の特徴

❶ 今と昔の接着剤の比較と，筆者による説明の重点

題名にある「今と昔」という比較を軸に，接着剤について説明されています。「今：工場で作られたもの」⇔「昔：自然由来で作られたもの」に分けられます。さらに「何をくっつけるか」や「接着剤の材料とその特徴」などの対比を捉えることで，それぞれの「長所や短所」などを読み取ることができます。

そこで，本教材を俯瞰すると，話題提示の第①段落，接着剤で何をくっつけるかという用途（第②・③段落），つなぎの第④段落を経て，昔の接着剤の種類と材料（第⑤・⑥段落），昔の接着剤の長所と短所（第⑦〜⑩段落），まとめの第⑪段落とに分けられます。つまり，筆者が「昔の接着剤」の方を重点的に説明している所に特徴があります。

❷ 様々な接着剤を調べることで，筆者の主張をより深く理解する

接着剤についての豊富な事例を調べることができます。インターネットや図書館の百科事典などの情報を活用し，教材中に出てこない接着剤について調べ，その奥深さやおもしろさを実感させたいところです。（教材で取り上げられた接着剤を調べてもよい。）こうした情報を調べる活動を通して，「くらしをゆたかにしている」という筆者の主張の理解を深めることができます。

情報を活用した授業づくりのポイント

情報の活用①　一番すごいと思った接着剤の事例を交流する（エ，オ，キ）

　接着剤の事例のなかから，生活経験や体験などをもとに，一番すごいと感じたものを選び，理由を書かせます。ここで，児童の考えにずれが生じることが期待できるため，ペアやグループ，学級全体で交流を促します。級友の考えを情報として，さらに，接着剤の事例についての理解を広げます。交流後に，「皆が一番納得した事例を一つ書くだけでよかったのではないか」と揺さぶり，「それでは納得できない」ことを皆で確認することで，筆者の主張を多くの事例が支えていることを読み取ることができます。

情報の活用②　四つの象限に分け，対比させながら読む（オ，カ）

　本教材の特徴 ❶ を踏まえ，今と昔の接着剤の特徴を対比しながらまとめます。「今の接着剤と昔の接着剤の違いは何ですか」と発問し，より効果的に比較するために，「今と昔」「長所と短所」の四つの象限に分けて板書します。すると，筆者は，昔の接着剤についての事例を重点的に書いており，今の接着剤の不便な点や材料については書いていないという「説明の偏り」を板書で児童に気付かせることができます。ここから，教材中に出てこない他の接着剤について調べ，「新たな事例」をつくるという活動へとつなげていきます。

情報の活用③　調べたことをもとに，新たな事例をつくる（イ）

　「くらしをゆたかにしている」という筆者の主張をより理解できるように，児童を一旦，筆者の立場に立たせてみます。そこで，本教材の特徴 ❷ を生かして，教材に書かれていない他の接着剤を調べる活動に展開します。教材に取り上げられていない接着剤について，インターネットや図書館で調べる時間をとります。「何をくっつけるのか（用途）」「どのような接着剤があるのか（種類・材料）」「よい点や不便な点は，どのような所か（長所と短所）」の観点で調べ，ワークシートやタブレット端末に整理・分類します。

このように，インターネットや図書館にある百科事典などによって調べた事柄を活用したり，教科書（筆者）の書き方を参考にしたりしながら，「新たな事例」をつくります。この「新たな事例」を，教材文のどの段落のあとに付け足せばよいか考えることで，事例の役割についての学びを深めます。

　また，筆者の情報を検索すると，「文化財の修復に携わる，接着剤の研究者」であることがわかります。この情報を加味すると，なぜ，昔の接着剤の説明が多いのか，筆者が何を児童に伝えたいのかについて考えることができます。つまり，「昔：自然由来の接着剤」の魅力を説明したいという筆者のねらい（意図）を捉えることができます。こうした過程を通して，教材の情報に自分が調べた情報を組み合わせることで，よりよく文章を理解し，筆者との共創的な活動を目指します。

単元の指導計画（全11時間）

次	時	○学習活動　・主な指示や発問	指導上の留意点
1	1	○題名読みをする。 ・私たちが使う接着剤には，どのようなものがありますか。	・接着剤を使う生活場面や既有経験を想起させる。
	2	○初発の感想を書き，交流する。 ・「すごい」「どうだろう」など感じたことを書きましょう。 ○学習の見通しを立てる。	・書いた初発の感想を，あとの「一番すごい事例を考える」学習につなげるようにする。
2	3	○構成と内容の大体を捉える。 ・この説明文は，いくつのまとまりに分けられるでしょうか。 ・まとまりごとに，名前を付けましょう。	・くり返されることばや段落冒頭のことばに着目することで，「はじめ・なか・おわり」に分けられるようにする。 ・名前を付けることで，「用途」「種類・材料」「長所と短所」のまとまりを押さえる。
	4	○一番すごいと思う，接着剤の事例を選び，理由を考える。 ・どんな事例が出てきましたか。	情報の活用① ・一番すごいと思った事例を選び，理由とともに級友と交流すること

		・一番すごいと思った事例はどれですか。	で，級友の考えと比較し，自分の考えの変容や更新ができるようにする。
	5	○事例を比較する。 ・今の接着剤と昔の接着剤の特徴や，長所と短所は何ですか。 ・板書から，筆者の説明の仕方について，何か気付いたことはありませんか。 ・筆者は，今と昔の接着剤のどちらをより説明したいのでしょうか。	情報の活用② ・「今と昔」「長所と短所」の四つの象限に分けて板書することで，筆者の「説明の偏り」に気付くようにする。 ・「説明の偏り」から，筆者の主張をより理解するために，「新たな事例」をつくるという活動へとつなげるようにする。
	6・7	○インターネットや百科事典を活用し，他の接着剤や筆者について調べる。 ・接着剤（今でも昔でもよい）は，他にどんな所で使われているのでしょうか。 ・接着剤の種類や材料は，他にどんなものがありますか。 ・調べた接着剤の長所や短所は何ですか。 ・筆者はどんな人でしょうか。	情報の活用③ ・児童の興味・関心に応じて，「用途」「種類・材料」「長所と短所」から調べたい観点を選んだり，今の接着剤か昔の接着剤のどちらかに絞ったりする。 ・筆者の情報について調べることで，説明の偏り（筆者の表現）の意図に気付くことができるようにする。
3	8・9	○「新たな事例」をつくる。 ・調べたことをもとに，「くらしをゆたかにしている」と言えるような事例を，みんなで新たにつくってみましょう。	情報の活用③ ・「新たな事例」は，どの段落のあとに付け足すのがよいかを考えるようにする。
	10	○つくった「新たな事例」とそれを使用する場所について，級友と交流（読み合い）する。	・級友のつくった「新たな事例」とそれを使用する場所について，お互いに比較し，交流することで，読みを深めるようにする。
	11	○単元での学習を振り返る。	

(松村聖也)

【参考文献】
髙橋達哉（2023）「説明文 『教えたいこと』を，『学びたいこと』へ」『教育科学 国語教育』No.888，明治図書，4-5

第2章 新教科書の授業づくりガイド 説明文編 053

9 3年 カミツキガメは悪者か

批判的に読み，様々な情報を交流させながら，
多面的・多角的に考えを深める

情報の活用の観点から見た本教材の特徴

　本教材では，筆者の主張とそれを支える理由や事例に注目しながら読むことを通して，生き物（外来種）への理解を多面的・多角的に深め，自分の考えを伝え合っていくことを学びます。筆者は，「はじめ」で，外来種の定義とカミツキガメの話題提示や大きな問いかけをし，「なか」で筆者が行った観察やインタビューを取り上げながら考えの理由や事例を挙げていき，「おわり」で主張と再度外来種に関わる問題提起をしています。

❶ 題名の魅力と妥当性

　「カミツキガメは悪者か」という題名や，カミツキガメなどを「悲しい生き物」だとする主張に，児童はハッと思考を揺さぶられることでしょう。印象的な題名や主張の妥当性について，思わず考えたくなる魅力があります。

❷ 児童にとって身近である外来種の問題

　生き物，それも外来種という題材は，児童にとって関心の高いものでしょう。メディアでは様々な外来種の問題がよく取り上げられており，視聴者は「外来種＝悪」という印象をもちかねません。

　しかし，筆者はこの問題について，人間が生き物を飼う責任とルールという視点で主張しています。筆者の主張と児童の既有知識を効果的に絡めながら，生き物への理解を深めていきたいものです。

情報を活用した授業づくりのポイント

情報の活用① シンキングツールを活用した交流（オ，キ）

　外来種という素材そのものの既有知識を交流するために，単元の導入としてシンキングツールであるウェビングマップを活用します。「外来種」を中心に置き，生活経験やメディア等で見聞きした情報を拡散・関連付けていくことで，外来種が生態系を崩していることに気付くでしょう。ウェビングマップが完成したところで，「では，そのような外来種は悪者ですか」と問い返すことで，児童は「悪者だ」「いや，どうだろうか」「生き物が悪者だとは言えないのではないか」と思考が揺さぶられ，本教材への読みの構えが形成されていきます。

情報の活用② 批判的に読み，筆者に立ち向かう（ア，ウ，エ，オ）

　筆者は，観察，インタビュー，写真撮影，テレビや新聞で見たことなど，様々な手法を用いて，主張を支える理由と事例を挙げ，問いと答えをくり返しながら論を展開しています。一方，長期の観察を通して，「イメージが変わった」という表現から，少しカミツキガメに寄り添った印象も受けます。また，インタビュー相手が専門家でなく農家の方であることや，被害の程度に差があること（心配と実害）なども，児童に着目させたい部分です。

　吉川（2017）は，「異質な他者である筆者に立ち向かい，時にうなずき，時に疑問を感じながら，自分の考え・論理をつくっていく構えを身につけさせたい」（p.39）と述べ，〔読み・検討の観点〕として，①必要性，②妥当性・適切性，③整合性，④十分性・納得性，⑤曖昧性の五つを挙げています。指導の際にこれらを意識し，筆者の主張（内容面）と形式（展開・構成面，表現面）の二つの側面を批判的に読み，自己，級友，視点を変えるための教師の読みなど，様々な情報を交流させ，論理の妥当性について検討させます。筆者に立ち向かうことで，自分だったらどういった表現や手法を用いるか，課題意識をもちながら学んでいくことをねらいます。

情報の活用③ 関連図書や資料を読み，【〇〇な生き物図鑑】を作る（イ）

　現代社会が抱える外来種問題という，解決が非常に難しい題材であるからこそ，関連図書や資料といった複数の情報に触れながら自分の考えを表現することが必要です。【〇〇な】の視点は，筆者同様【悲しい】でも，「残念な，かわいそうな，おっかない，実はよい…」といった，児童が取り組みやすい視点を選択させてもよいでしょう。図鑑作成の際にはタブレット端末を用いて，筆者が行った，観察やインタビュー，写真撮影などの手法を参考にできると，さらに作り手を意識した図鑑になります。このような活動で，人間と生き物のよりよい関わり方について理解を深め，自分なりの考えを主張しながら，現代社会の課題に向き合おうとすることができる児童の育成を目指します。

単元の指導計画（全13時間）

次	時	○学習活動　・主な指示や発問	指導上の留意点
1	1	○ウェビングマップを活用して，外来種に関する既有知識を交流する。 ・外来種について知っていることはありますか。 ・外来種は，悪者ですか。	**情報の活用①** ・生活経験やメディア等で見聞きした情報をもとに，自由に思考を拡散・関連付けさせ，学習への意欲を高める。
	2	○形式段落を確認しながら範読を聞き，初発の感想と学習の見通しをもつ。 ・初めて知ったこと，まだわからないこと，気になった筆者の書き方など，いろいろな視点から感想を書きましょう。	**情報の活用③** ・教師が作成した【〇〇な生き物図鑑】を紹介し，学習のゴールの形をイメージさせる。
	3	○文章構造を大まかに捉える。 ・「はじめ」「なか」「おわり」は，どのように分けることができそうですか。	・説明文の既習事項を生かし，話題提示や，問いと答えの関係などから，大まかに構造を捉えさせる。
2	4	○「はじめ」を中心に読む。 ・筆者の大きな問いは何でしょう。	**情報の活用②** ・全文を意識し，「〜でしょうか」

		そして，いくつありますか。 ・小さな問いはありますか。	「～からです」などの表現の仕方に着目させる。
	5	○「おわり」を中心に読む。 ・「はじめ」の大きな問いと「おわり」の答えは対応していますか。 ・筆者の主張は何ですか。その主張にどのぐらい納得しますか。	情報の活用② ・「おわり」にも「どうすればよいのか」という問いがあることに気付かせる。
	6 ・ 7 ・ 8	○「なか」を中心に読む。 ・筆者は理由と事例を，どんな順番で説明していますか。その順番でいいですか。 ・筆者の観察やインタビューは適切ですか。	情報の活用② ・筆者が行った観察や手法，量（時間経過，複数人にインタビュー）などを一覧にし，筆者の興味や研究への熱量に気付かせる。
	9	○筆者の表現を再考する。 ・なぜ筆者はカミツキガメなどを「悲しい生き物」だと言っているのでしょうか。 ・「カミツキガメは悪者か」という題名でよいでしょうか。	情報の活用② ・筆者の主張，表現に対する自分なりの納得解を考えさせる。批判ばかりではなく，「良いものは良い」とする考えも価値付け，その理由の交流を大切にする。
3	10	○関連図書や資料を読みながら，理由や事例を確認する。 ・筆者の理由や事例と比較しながら読みましょう。	情報の活用②・③ ・同じ生き物を調べているグループの級友と交流しながら，読んだり構成メモを書いたりする。
	11 ・ 12	○【○○な生き物図鑑】を作成する。 ・筆者のどの手法が使えそうですか。（観察，インタビュー，写真撮影など） ・その生き物と人間は，どのように関わったらよいですか。	情報の活用③ ・必要に応じてタブレット端末を活用する。 ・生き物紹介だけにならないように留意し，人間がどう関わるのかを意識させる。
	13	○【○○な生き物図鑑】を交流し，学習のまとめをする。 ・学習を通して，気付いたことや学んだことは何ですか。 ・身近な人に，人間の暮らしと生き物のよりよい関わり方を呼びかけてみましょう。	・単元を通した児童の変容の様子を価値付ける。 ・作成した図鑑を廊下や図書室に掲示したり，校内放送で発表したりするなどのアウトプットを通して，学んだことを周知し，満足感を高める。

（髙木富也）

【参考文献】
吉川芳則（2017）『論理的思考力を育てる！批判的読み（クリティカル・リーディング）の授業づくり―説明的文章の指導が変わる理論と方法―』明治図書

10 4年　未来につなぐ工芸品

筆者の主張を検討し，教材文以外の資料を重ねて読むことで，
見方や考え方を拡充する

情報の活用の観点から見た本教材の特徴

　本教材では，児童とは異なる見方で根拠となる事例を挙げ，筆者は主張を
述べています。まず，この筆者の見方を情報の一つと捉えて，筆者の主張を
検討します。そのうえで，教材文以外の資料を重ねて読むことで，児童の見
方や考え方を拡充します。

❶ 新たな見方や考え方との出合い

　工芸品は，児童の生活経験とは距離がある題材と言えるでしょう。「未来
につなぐ工芸品」という題名からは，「昔の古いものを大切にする」「工芸品
を未来に残す」などの見方が多いと予想されます。そのため，本教材を読む
ことは，新たな見方や考え方に出合う機会となります。自らのこととして，
生活とのつながりを考える学習活動を通して，見方や考え方を広げる学習が
期待できます。

❷ 適切な事例を取り上げたわかりやすい論の展開

　結論部での筆者の主張をわかりやすく伝えるために，なぜそのような主張
をするのか理由を述べ，その理由の根拠となる適切な事例を取り上げながら
詳しく説明するという論の展開がとられています。

❸ 児童の活動を誘う，筆者から読み手への呼びかけ

　結論部では，筆者が「わたし」として登場し，工芸品を日本の未来に残す

ために取り組んでいることを語っています。さらに最後には，筆者から「みなさんにもぜひ，工芸品を手に取ってみてほしいと思います。」と児童にも積極的に関わってほしいという呼びかけがなされています。

情報を活用した授業づくりのポイント

情報の活用① 教材文から筆者の主張を検討する（ア，ウ，エ，オ）

　第２時からは，筆者の主張を検討する読みを行います。「筆者は結論で，どのような主張をしているのか」「その主張をするために，どのような考えや理由を述べているのか」「考えや理由の根拠としてどのような事例や事実を取り上げているのか」と主張，理由，根拠を関係付けて読みます。その際，「考えを述べるために根拠として挙げられている事例は適切か」「考えや主張を述べるのに，挙げられている事例だけで十分か」「筆者の主張は納得できるか」などを検討することで，筆者の主張に対して自分の考えをもてるようにします。

情報の活用② 筆者の見方に立ち，工芸品のよさを検討する（イ，ウ）

　第５時からは，教材文の「工芸品をのこすことは，日本の文化やげいじゅつ，そして，かんきょうを未来につないでいくことになると考えます。」という筆者の主張について考えを深めるため，筆者の見方や考えに立ち，工芸品のよさについて考える学習活動を設定します。具体的な学習活動では，第４時で考えた「日本の文化やげいじゅつを未来につないでいく」あるいは「かんきょうを未来につないでいく」という筆者の考えが，他の工芸品にも当てはまるかどうかを検討する学習を行います。教材文の自己の読みをもとに，関連する他の資料から得た情報を重ね読むことで，筆者の主張に対する自分の考えを更新します。

情報の活用③ 級友の考えを重ね，自己の読みを更新する（イ，ウ，エ）

　第６時では，級友が他の資料と重ねて読み考えたことやそれに関わる大事な情報などについて聞き合います。それぞれが選んだ複数の資料から得た情

報（資料の内容，級友の考え）を参考にし，さらに読みを更新します。この
ような活動を通して，新たな見方や考え方を自分でも使えるものにしていき
ます。

単元の指導計画（全7時間）

次	時	○学習活動　・主な指示や発問	指導上の留意点
1	1	○題名読みをする。 ・「未来につなぐ工芸品」という題名はどのような意味だと思いますか。 ○全体の文章構成をつかむ。 ・筆者の考えは何段落に書かれていますか。 ・筆者の考えを述べるために，伝統的な工芸品の例がいくつ挙げられていますか ○学習の見通しをもつ。 ・筆者が主張していることから考えられる題名の意味は，みなさんの予想とは違っていましたか。	・「未来につなぐ」に着目し，どのような意味かを予想することで読みの構えをもたせる。 ・教材文を読み，題名の意味がわかる筆者の考えを見つける。 ・考えを述べるために，いくつの事例が取り上げられているか捉えることで，全体の構成をつかむことができるようにする。 ・筆者の主張をもとに，工芸品に対して自分の考えがもてることを学習のめあてとする。
2	2	○筆者の考えを検討する。 ・「職人が作るさまざまな工芸品があるからこそ，日本の文化やげいじゅつを未来にのこせるのです。」と筆者が考えを述べていますが，「奈良墨」の事例からは，そう考えられますか。	情報の活用① ・筆者の考えとそれを支える事例の適切さを検討させる。 ・事例の説明に，筆者の考えの根拠になる事実や事柄があるか確かめる。 ・筆者の考えにつながる事例の大事な所を抜き出すことは，目的に合わせて要約する活動にもなっていることに気付かせる。
	3	・筆者は，工芸品を未来に残していきたいと考える理由として，「かんきょうを未来につないでくれること」を挙げていますが，「南部鉄器」の事例からそのように考えられますか。	
	4	○筆者の主張について自分の考えをもてるようにする。 ・筆者は，多くの工芸品から，なぜこの二つを取り上げたのでし	・筆者の考えを受け止めたうえで，自分の考えをもてるようにする。 ・筆者の意図について推測する。 ・二つの理由を比べ，どちらをより

		ようか。 ・あなたが，工芸品を未来の日本に残したい理由を説明するとしたら，筆者が考える二つの理由のどちらをより大切にしたいですか。 ・友達の考えを聞き合って，自分の考えをもてるようにしましょう。	大切と考えるか価値判断をする。 ・なぜそう考えるのか理由も聞き合えるようにする。 ・表現者として，自ら判断をすることで，工芸品のよさを考えるときの見方をもてるようにする。
	5	○他の工芸品について資料で調べ，検討することで，筆者の見方や主張に対して自分の考えを深める。 ・あなたが，より大切にしたいと選んだ理由について，他の工芸品でも同じように考えられるのか，教材文以外の資料を読んで調べてみましょう。 ・次の観点をしっかりもって，資料を読んで考えましょう。 ＊日本の文化やげいじゅつを未来にのこす ＊かんきょうを未来につなぐ	**情報の活用②** ・他の資料と重ね読み，教材文で筆者が主張している工芸品を残すことの理由を検討する。 ・他の工芸品についても，教材文で筆者が主張している理由が当てはまるのか，調べる活動を通して，筆者の見方や考え方を自分のものにする。 ・目的に合った本や資料を用意し，事前から並行して読書ができるように準備しておく。
	6	○選んだ理由から，資料を調べて考えたことを伝え合う。 ・調べた工芸品についても，選んだ理由と同じ見方ができるのかを確かめましょう。 ・自分と違う理由から調べた意見も参考にして，自分の考えをまとめましょう。	**情報の活用③** ・選んだ理由を観点として，他の工芸品について調べたことが伝えられているか確かめながら聞く。 ・自分が調べていない理由についても，意見を参考にして考えをもてるようにする。
3	7	○学習を振り返り，学びを確かめる。 ・第１時の学習と比べ，工芸品についてどのような見方や考え方ができるようになりましたか。 ・この学習では，どのようなことができるようになりましたか。 ・役立つ学び方がありましたか。	・第１時と比べ，どのような見方や考え方ができるようになったかを振り返られるようにする。 ・「考えと事例を関係付けて読むことができるようになった」など付けたい力を意識できるようにする。 ・教材文での読みをもとに，教材文以外の資料を重ねて読むことのよさを意識できるようにする。

（大石正廣）

11 4年　風船でうちゅうへ

複数の「読みの観点」から紹介文を書き,
級友の文章と読み比べることで,自分の見方・考え方を広げる

情報の活用の観点から見た本教材の特徴

　風船を使って地球の撮影に成功した岩谷さんの「挑戦」について説明された文章を読み,各自の「読みの観点」から要約をして紹介文を書きます。さらに級友と共有したことを生かして,複数の観点で紹介文を作成することもできる教材です。

　本教材では,筆者の科学的思考に基づく成功までの知性的な取り組みの過程を客観的に説明するだけでなく,研究に情熱を注ぎ,真摯に向き合っている筆者の主観的な思いや姿勢が語られています。

❶「科学的思考」に基づく実験の客観的な説明

　風船で宇宙の写真撮影に成功するまでの筆者の試行錯誤の過程が説明されています。一号機から十六号機までの試行過程は,「❶課題設定」「❷実験準備」「❸結果」「❹考察」からなる「科学的思考」の一連の流れで述べられています。このような筆者の研究について,「課題設定の妙」「事前準備の周到さ」「結果から考察を導き出す知性」といった様々な面で,児童が興味・関心をもつことができます。

❷「試行錯誤」の過程での筆者の思いや姿が伝わる主観的な表現

　「科学的思考」の流れで説明されつつも,合間に「わたし」(筆者)の思いが語られます。例えば,「あきらめかけて」「これなら,自分でもできるか

も…」と心情の変化が描かれています。「暗い気持ち」から「もう少しがんばってみたら…」も同様です。また，失敗を「不意に」「あっというまに」「空のかなたへ」と描写的に表しています。「わたし自身が空をこえて，うちゅうまで来たかのように」と比喩的に喜びを表現しています。これらの表現から，筆者が実験に情熱を注ぎ，真摯に向き合っている姿勢が読者に伝わってきます。

情報を活用した授業づくりのポイント

情報の活用① 初発の感想交流から「読みの観点」を導く（ウ，エ，カ）

　初発の感想は，筆者の研究に「興味をもった所／おもしろかった所／感心した所」などを問い，タイトルを付け感想を書き伝え合います。「知性」面に着目すれば，「原因を探り出す所」「失敗してもアイディアを出せる所」など，「態度」面に着目すれば，「粘り強さ」「前向きな姿勢」などといったことばで書き表すでしょう。タイトルを分類し，「読みの観点」として板書で共有します。そのうえで，「読みの観点」をもとに本文を要約し，紹介文にして交流することを学習目標とします。

情報の活用② 「読みの観点」をもとに，紹介文を書く（ア，オ）

　まず，「読みの観点」に沿って「情報を抽出する」ことを学び合います。具体的には，①「粘り強さ」に該当する叙述を複数選ぶ，②その叙述が「粘り強さ」にどういった意味で該当するのかも伝え合う，③「読みの観点」には「該当しない」例も確認しておく，ことで，取捨選択の理解を深めるといった学び合いです。指定する字数によりますが，抽出した情報をすべて紹介文に盛り込むことはできません。その次に，「自分が紹介したい内容により適切な大事なことばや文はどれか，吟味する」ことを学び合います。

　まずは，クラス全体で取り組みます。活動の流れを共有できたら，グループや個人で学習を進めていきます。とくにグループ活動では，相互の考えやその理由を聞き合い，級友の意見を参考にすることがポイントになります。

級友の紹介文と比べ，自己の読みを更新する（ウ，エ）

　自分の紹介文〈産出情報〉と級友の紹介文〈参考情報〉を比較し，学習のめあてである「一人ひとりの感じ方などの違い」に迫ります。

　同じ「読みの観点」の紹介文と比較する場合，どの叙述を活用したのか，どう書き表したのか，に違いが表れます。また，その違いを踏まえて，自らの紹介文をリライトしたり自己評価したりする活動も考えられます。

　異なる「読みの観点」の紹介文と比較する場合，異なる観点であるので，活用する叙述や書き表し方に違いが出るのは当然です。しかし，異なる観点であるにもかかわらず自分と同じ叙述を活用している場合があります。そういうときには，自分と級友との解釈の違いを明確にしたいものです。また，「その観点で私が紹介するなら」「本文のこの叙述を活用する」「こう書き表す」という違いにも気付くかもしれません。そこで，級友の紹介文をリライトする形で，最初とは異なる「読みの観点」でも紹介文を作成することにします。

単元の指導計画（全8時間）

次	時	○学習活動　・主な指示や発問	指導上の留意点
1	1	○初発の感想を書き伝え合う。 ・どのような「読みの観点」がありましたか。 ○学習の見通しをもつ。 　※紹介文のモデル	情報の活用① ・「読みの観点」を板書で整理し共有できるようにする。 ・各自が選んだ「読みの観点」をもとに本文を要約し，紹介文にして交流することを伝える。
2	2	○文章の内容を確かめる。 ・結論部に「これからも」とありますが，「これまで」は，どんな「困難」や「失敗」をどのように「乗りこえて」きたのでしょうか。	・接続詞や理科の実験手順を参考にして，本論部における各段落の役割や関係を読み取らせる。 ・結論部の筆者の主張と本論部との関係を明らかにする。
	3	○「読みの観点」をもとに大事なことばや文を抽出し，判断・評	情報の活用② ・適宜，グループで内容の検討をす

		価・選択して書く内容を決める。	るように声をかける。
	4	○教材文を紹介する文を作成する。	・構成メモを用意する。
	5	○同じ「読みの観点」のグループ内で互いに紹介文を読み合い、その違いを生かし、書き換える。	情報の活用③ ・違いをもとに、自分の文章の引用を書き換えさせる。
	6	○「読みの観点」が異なる級友と紹介文を読み合い、その違いを書き表す。	・級友の紹介文から喚起された「自分ならこう書く」という自己の読みを言語化させる。
	7	○級友の「読みの観点」で書かれた紹介文に自己の読みを加え、リライトする。	・違いをもとに、級友の紹介文の一部を加除修正させる。
3	8	○単元を振り返り学習をまとめる。 ・複数の「読みの観点」で読むことで、どのような学びがありましたか。	情報の活用③ ・級友と読みを共有することのよさや価値を感じられるようにする。

【モデル文（300字〜400字）】

㊀「風船でうちゅうへ」は、岩谷圭介さんが、風船でうちゅうの写真さつえいに成功するまでのちょうせんについて書かれた話です。（59字）
わたしは、そのちょうせんの中でも、「じゅんびをしっかりすること」が重要だと感じました。（43字）

㊁一号機では、「カメラをはっぽうスチロール」でおおっています。これは、もしカメラが落ちたときにこわれないようにするためです。また、四号機では「念のため、そのうちにれんらく先」を書いていました。もし、どこかへ行ったときに手元にもどってくるようにどうすればいいかを考えてじゅんびしたのだと思いました。（146字）

㊂わたしは、何かに「ちょうせん」するときには、じゅんびをしっかりすることが大事だと思いました。これから心がけていきたいです。（6-字）

㊀まず、結論部を中心に、何についての話かを簡潔に述べます。
　次に、「ちょうせん」のなかでも、特に何が重要だと思うのか。これが、「読みの観点」になっています。【はじめ（約100字）】
㊁「読みの観点」に関わる叙述を引用し、具体的に説明する。【中（約150〜250字）】
㊂まとめを書く。【おわり（約50字）】【合計300〜400字】

（片岡慎介）

12 4年 くらしの中の和と洋

私たちのくらしと関係付けながら読み，筆者の主張に対する自分の意見を書くことで，見方や考え方を広げる

情報の活用の観点から見た本教材の特徴

　本説明文では，和と洋のなかでも，毎日の生活の場である「和室」と「洋室」が取り上げられており，児童は自分たちの生活経験と重ねながら読むことができます。そうした特徴を生かすと，筆者の主張を批判的に捉えながら，自分の意見を書くことにも取り組みやすくなります。

❶「和室」と「洋室」の定義をし，よさを対比して述べる展開方法

　本教材では，「すごし方」「使い方」と比較の観点を決め「和室」と「洋室」を対比して述べることにより，両者の違いを際立たせる工夫がされています。また，取り上げる「和室」と「洋室」が，部屋の写真とともに示されています。床と家具に違いがあること，それによって部屋での過ごし方や使い方に違いが生じることが確認できます。

❷ 読者を意識した論の展開と記述

　「和室」と「洋室」は，和─洋─洋─和の順序で利点を述べています。しかし，同じ観点で述べられている利点もあればそうでないものもあります。対比することにより，どちらが優れているかを主張するのではなく，それぞれのよさがあることを伝えたい筆者の意図が読み取れるでしょう。

　また，使い方の説明においては，「洋室」は具体的な説明の叙述が2行であるのに対し，「和室」は5行にわたって詳しく述べられています。それに加えて，第⑬段落では「洋室」の欠点を述べたうえで重ねて「和室」の利点

を説明しています。「和室」での生活経験が少ないと想定される児童に「和室」のよさを知ってほしいという思いを推論することができます。

情報を活用した授業づくりのポイント

情報の活用① 実際の部屋の写真や語句から想像を促す（イ，エ，オ，キ）

　身近な題材ですが，「和室」「洋室」についての知識や過ごした経験などは，個人差も大きいでしょう。また，「目上の人」「ひざをくずす」「くつろぐ」「あぐら」など，子どもたちの生活との距離があり，想像がしにくいことばも見られます。そのため，関連する写真等を活用し，具体的なシーンを思い浮かべさせる配慮が必要となります。さらに，実際に「和室」と「洋室」の両方が自宅にあるのかも把握し，周りの人への聞き取りや関連した資料を重ね読むことを適宜入れていきます。私たちの生活から結論の納得性に迫ることができるでしょう。

情報の活用② 形式面と内容面を批判的読みで捉える（ウ，エ，オ，キ）

　批判的読みの観点である①必要性，②妥当性・適切性，③整合性，④十分性・納得性，⑤曖昧性を検討するなかで，筆者の発想を推論し，〈原情報〉に対して最終的には自分の考えを更新していける学習を計画します。

　文章全体の構成を確認したあと，両者のよい点を整理し，観点別に捉えます。そのうえで，筆者が「すごし方」と「使い方」で具体的に取り上げているよさについて，納得できるかどうかを検討します（②④）。その際には，「和室では，他にこのようなよさもある」「洋室でもこのようにしているので同じよさがある」などの自らや級友の生活経験とも重ね合わせた考えも引き出せるようにします。このような学習を経て，結論部における筆者の主張に対して，自分自身の考えを更新できる学びをつくり出します（⑤）。

情報の活用③ 学習での情報を生かし自分の考えを書く（ア，ウ，エ，キ）

　単元の導入時には，オリジナルの意見を書くことが最終目標であることを示し，目的意識をもたせます。第３次のまとめの段階では，これまでの学習

で得た〈参考情報〉と〈根拠情報〉を生かし，「和室と洋室には，それぞれのよさがあり，両方のよさを取り入れてくらしている」という筆者の主張に対する意見を書いて交流することで，自らの見方・考え方を拡充できるようにします。

単元の指導計画（全8時間）

次	時	○学習活動　・主な指示や発問	指導上の留意点
1	1・2	○「和室」と「洋室」について知っていることや経験を聞き合う。 ・家には両方の部屋がありますか。 ・「和室」や「洋室」で過ごした経験はありますか。 ○感想を交流し，学習の見通しをもつ。 ・本文を読んで，和室か洋室のどちらの方がよいと思うか，感想を書きましょう。 ・最後に，自分の生活とつなげて，筆者の考えに対する自分の意見を書けるように学習をしましょう。	**情報の活用①** ・自分たちの知っていることや生活での経験を聞き合い，自分の経験や知識を思い起こすようにする。 ・初発での自分の考えを書き留めておくようにする。 ・単元のゴールを示し目的意識をもって，次時からの学びを進めることができるようにする。
2	3	○接続詞や呼びかけ，問いに着目し，全体の大まかな文章構成をつかむ。 ・よさの観点が例として，いくつ取り上げられていますか。 ・筆者の主張は何段落に書かれていますか。	・よさの観点が二つ取り上げられていることに気付けるようにする。 ・対比的に説明されていることを確認する。 ・結論の筆者の主張を意識できるようにする。
	4	○部屋のなかでの過ごし方のよさについて考える。 ・それぞれの長所と短所を整理し，表にまとめましょう。 ・筆者が取り上げているそれぞれの過ごし方のよさは，納得できますか。 ・書かれていないよさはありますか。	**情報の活用①・②** ・「和室」と「洋室」の長所と短所を，観点別に整理できるようにする。 ・説明されている事柄を具体的にイメージして，考えられるようにする。

			・自分の生活経験や級友の考えを根拠にする。
	5	○部屋の使い方のよさについて考える。 ・それぞれの長所と短所を整理し，表にまとめましょう。 ・取り上げているそれぞれの使い方のよさは，納得できますか。 ・筆者は，「和室派」か「洋室派」のどちらでしょうか。 ・書き足りない洋室の使い方のよさの例を具体的に考えてみましょう。	・「和室」と「洋室」の長所と短所を，観点別に整理できるようにする。 ・説明されている事柄を具体的にイメージして，考えられるようにする。 ・「和室」の記述を多くした筆者の意図を推論させる。 ・洋室の使い方の具体例を補えるようにする。
	6	○結論について考え合い，自分の考えをもつ。 ・「両方のよさを取り入れてくらしている」という結論に対し，自分の納得度を1〜5であらわすといくつになりますか。 ・納得度とその理由を伝え合いましょう。	・納得度をスケールで問うことにより，納得できた点，納得できなかった点の両面から考えが述べられるようにする。 ・理由については，本文の説明か生活経験のいずれかを板書で整理する。
3	7	○オリジナルの意見を書き，読み合う。 ・これまでの学習を生かして，「和室と洋室それぞれのよさを取り入れてくらしている」という筆者の主張に対して自分の意見を書きまとめましょう。	情報の活用③ ・自らの生活経験や見聞きしたこと，級友の考えを事例として取り上げ，意見が書けるようにする。
	8	・級友の意見を読み合い，感想を伝え合いましょう。	・タブレット端末を活用して，意見の読み合えるようにする。

（黒田美幸）

【参考文献】
吉川芳則（2017）『論理的思考力を育てる！批判的読み（クリティカル・リーディング）の授業づくり―説明的文章の指導が変わる理論と方法―』明治図書

13 5年　インターネットは冒険だ

インターネット検索や，級友と教師の考えとの出合いによって，
実感的に読む

情報の活用の観点から見た本教材の特徴

❶ 生活経験（インターネット）と題名のレトリック（冒険）

　みなさんは，「インターネットは冒険だ」という題名を見てどう感じまし
たか。インターネットという海（や森）を探索し，新たな世界と出合ったり，
何かを獲得したりするイメージでしょうか。この題名は，想像以上に深掘り
できます。「冒険」ということばのイメージを挙げましょう。「ことば」のイ
メージをもったあとに，辞書的な意味を確認すると，教材理解がさらに深ま
ります。2種類の辞書を用いて，「冒険」の意味を調べてみます。（下線引用
者。）

・<u>危険</u>をおかして行なうこと。成否の確実でない事をあえて行なうこと。
　　　　　　　（電子辞書版『精選版　日本国語大辞典』小学館，2006年）

・<u>危険</u>をおかすこと。成功のたしかでないことをあえてすること。
　　　　　　　　　　（電子辞書版『広辞苑　第七版』岩波書店，2018年）

　「危険」を「冒す」という熟語の成り立ち通りに，ネガティブなニュアン
スがあります。筆者は第①段落で「…冒険は楽しくもあるが危険もともなう
ため，じゅんびが必要だ」と述べています。ここから，本教材は「冒険＝イ
ンターネット」の楽しさや便利さの側面ではなく，危険性が中心に語られる
ことがわかります。

❷ インターネットに対する危機感の温度差

　筆者は，読み手である児童がインターネットを使用することに対して危機感をもっています。本教材が令和6年度版の改訂で採用された理由も，編集側や筆者たち「大人の危機感」によるものと推察できます。内閣府による「青少年のインターネット利用環境実態調査」（令和5年3月）を参照すると，10歳以上の小学生のインターネット利用率が驚異的であることに気付きます。この調査結果と自学級（他学級）の実態には差が見られるでしょうか。児童はこの結果に触れたとき，「確かにそうかもしれない」と納得できるでしょうか。そして，インターネットに対して危機感をもっているでしょうか。

❸ 三つの具体例と，四つの危険性

　では，どのような危険があるのでしょうか。本教材では，何よりも，教材の内容（インターネットの危険性とその理由）の理解が重要です。第⑪段落には，「このように，インターネットには危険がひそんでいる。うそや大げさな情報，お金のために情報を拡散する仕組み，知らない間に『フィルターバブル』におちいる罠」とあります。児童が，ゴシック体で書かれた三つの例を通して，インターネットの四つの危険性をイメージできるかがポイントです。

情報を活用した授業づくりのポイント

情報の活用① **自分・級友と教師の考えを比べる（ア，ウ，エ，オ，キ，ク）**

　「インターネット」は日常生活にどれほど大きく関わっているでしょうか。このとき，児童の考えを出したあとに，教師（大人）が困ることを挙げて交流します。児童が困るもの，教師（大人）が困ることをベン図で整理します。インターネットは，「なくてはならない／すごい／便利」といったポジティブなことばが出てくるでしょう。題名読みで出合う「冒険」という表現とギャップがあります。児童はどう感じるでしょうか。

情報の活用② 検索活動を通して実感的な読みを促す（ア，イ，キ，ク）

　本教材の特徴 ❶ で述べたように辞典類を活用し，第①段落の筆者の表現に触れます。ここで，インターネットの検索活動に移り，筆者のメッセージに納得できるかどうかを考えます。「教室から最も遠い場所のニュースはどれだろう」と問うてみると，インターネット上のニュースで，海外や宇宙に関するものが見つかるでしょう。確かに，「世界中の様々な出来事を知ることができる」と実感をもちながら読むことができます。

情報の活用③ ICT（フォーム）で他学級や職員室での考えに触れる

（ウ，エ，オ）

　読むことの授業全体で大切なことは，他者と考えたり，他者の考えに揺さぶられたりすることで，自分の考えを変容・更新するという体験です。そこで，自学級の友達や教師だけでなく，他学級の友達や職員室にいる教師の考えも，ICT（フォーム）を用いて尋ねてみましょう。様々な考えに触れ，比較・検討しましょう。新たな気付きが生まれる可能性があります。

単元の指導計画（全7時間）

次	時	○学習活動　・主な指示や発問	指導上の留意点
1	1	○話題について考える。 ・インターネットについて知っていることをできるだけ多く挙げましょう。 ・もし，インターネットがなくなったら，みなさんの生活で困ることはありますか。 【児童】 ＊家庭用ゲームのオンライン通信／動画視聴など 【教師】 ＊情報取得（時刻表，検索エンジンの活用） ＊買い物／オンライン会議など	**情報の活用②** ・知っていることが少ない可能性があるため，インターネットでできることを検索してもよい。 **情報の活用①** ・板書（ベン図）で整理する。例えば，左側の円を「児童」，右側の円「教師（＝大人）」としておく。ベン図の重なり（AかつB）の部分は「みんなが困ること」とする。

	2	○小学生のインターネット利用の実態を知る。 ・10歳以上の小学生は何%ぐらいインターネットを利用していると思いますか。 ○インターネットについて考えたことを短く書き，交流する。 ○題名読み ・「インターネットは□だ」の四角枠には何が入ると思いますか。 　→冒険と聞き，どのようなことを感じますか。 ○第①段落に納得するか考える。 ・本当に世界のニュースがわかりますか。調べてみましょう。	・まず，児童に予想させてから，内閣府による調査結果の数字97.5%を示す。感じたことを交流する。（予想が難しい場合は，35%・65%・95%といった三択にしてもよい。） ・「冒険」とはどういうことか，と問題意識をたがやす。 情報の活用② ・ニュースを検索する。教室から最も遠い場所のニュースについて交流する。
2	3 ・ 4	○本文を通読する。（「なか」の構成を確認し，読み進める。）	・感じたことやわかりにくいことを級友と交流する。
	5	○筆者の言う，インターネットの危険性について考える。 ・筆者が言うインターネットの危険性のなかで，最も危険なことは何でしょうか。他学級の考えや，職員室の先生たちの考えと比べましょう。	情報の活用③ ・〈原情報〉（筆者が述べていること）と，自分と級友の読みを関わらせる。 ・他学級の考えや，職員室の考えをICT（フォーム）で集計し，考えを比べる。
3	6 ・ 7	○文章から学んだことを，筆者に向けた手紙で表現する。 　A）学んだこと（インターネットの危険性とよさ） 　B）これからインターネットとどのように向き合うか 　C）筆者に伝えたいこと ○書いた手紙を読み合う。	・相手意識を大切にして，どのように筆者のメッセージを受け取ったのかを大切にする。 ・ねらいは，これまでの学習を振り返り，これからの生活に生かすことにある。級友と一緒に内容を考えてもよい。

（正木友則）

14 5年　固有種が教えてくれること

既習教材との重ね読みを通して，
筆者の説明の工夫を検討し合い，自らの表現に生かす

情報の活用の観点から見た本教材の特徴

　本教材では，筆者の工夫が多く見られます。読者が納得しやすいような「論の展開の仕方」や「事例の取り上げ方」，主張を支える「図や表などの資料の示し方」などです。これらを情報の一つと捉えて，筆者の説明の工夫を検討し，児童の表現活動に生かします。

❶「過去・現在・未来」という時間軸を用いた論の展開

　本教材では，過去から現在を踏まえたうえで，読者である今の私たちに，「未来に向けて，どのようなことが求められるか」を問うています。そのために筆者は，「過去・現在・未来」という時間軸を用いて論を展開しています。

❷ 論の展開に応じた，適切な事例の取り上げ方

　自分の考えをわかりやすく主張するためには，考えを支える具体的な事例を取り上げて説明することが求められます。論の展開と，取り上げられた事例との関係に着目して読み，事例の適切な取り上げ方について考えることで，意図をもった論の展開の仕方について，学びを深めることができます。

❸ 意図をもって，多様な資料が取り上げられている

　本教材では，本文の説明に合わせて多様な七つの資料（図・表）が示されています。それぞれの資料と本文の説明とを関係付けて読むことで，わかり

やすさを確かめるとともに，筆者がどのような意図をもって取り上げている資料かを検討することができ，自らの表現にも生かすことができます。

情報を活用した授業づくりのポイント

情報の活用① **教材文と，自分の学習経験や考えとをつなげる**

（イ，ウ，キ）

　児童は，これまでにも筆者の説明の工夫について学んでいます。そこで，第1時では，既習の説明文で学んだ説明の工夫を思い起こし，その既習事項を情報として重ねながら，本教材を読むことにします。筆者の説明の工夫（方法）に着目し，読みの構えをもてるようにします。

情報の活用② **意見を聞き合い，筆者の説明の工夫を検討する**

（ウ，エ，オ）

　第2時，3時では，取り上げられた事例に着目し，「なぜ，二つの固有種の動物を例に挙げたのか」と，筆者の立場に立たせて，その意図をさぐる学習を計画します。筆者は，未来に向けた環境保全の必要性を主張するため，アマミノクロウサギを例に，過去から現在までの固有種の歴史的事実を取り上げています。また，ニホンカモシカの例を挙げているのは，固有種の保護の必要性とその難しさ，解決のためには固有種の生息環境の保護とのバランスが重要であるという現在の課題を示すことで，環境保護をすべきであるという主張を強めるためです。このような筆者の意図を推論することで，本教材の特徴である論の展開の仕方を捉えていきます。

　また，第4時では資料の取り上げ方を検討します。読者として，図表やグラフ等と本文とを関係付けて読むことで，わかりやすさを確かめること，筆者の意図を推論することが学習の基本となります。そのうえで，「挙げられている資料が適切かどうか」「他に挙げるとすれば，どのような図表やグラフ，写真等があればよいか」など，筆者（表現者）の立場に立ち検討することで，児童自らの表現に生かす学習も大切にします。

情報の活用③ 他の文章を「重ね読み」して，学びを広げる（イ，ウ，エ）

　第5時では，これまでの学びを生かし，既習の説明文教材や資料を加えた文章について，資料の取り上げ方を中心に検討します。本単元で学んだ資料の取り上げ方を生かしている例，新たな意図や効果が見られる例，改善が必要と考えられる例について紹介し合うことで，本教材での学びをさらに拡充します。

単元の指導計画（全5時間）

次	時	○学習活動　・主な指示や発問	指導上の留意点
1	1	○学習の見通しをもつ。 ・「見立てる」「言葉の意味が分かること」では，どのような説明の工夫がされていましたか。 ○初発の感想を書く。 ・説明の仕方について比べながら「固有種が教えてくれること」を読みます。気付いたこと，疑問に思ったことを感想に書いて交流しましょう。	**情報の活用①** ・既習教材の説明の工夫を思い起こし，読みの構えをつくる。 ・「同じような説明の工夫があったか」「違った説明の工夫があったか」「なぜだろうと思ったこと」などを書くようにする。
2	2 3	○筆者の論の進め方，事例の取り上げ方について考える。 ・筆者はなぜ，固有種のなかでアマミノクロウサギの事例を取り上げたのでしょうか。 ・アマミノクロウサギについて書かれている所を見つけて，線で囲んでみましょう。それは，いつのことかも確かめましょう。 ・そのことから，筆者はどのような考えを述べていますか。 ・ニホンカモシカの事例は必要ですか。筆者はなぜ，この事例を取り上げたのでしょうか。	**情報の活用②** ・アマミノクロウサギの事例を挙げて，過去から現在，未来へ向けてと論を進めていることに気付けるようにする。 ・なぜそのように考えたのか理由を聞き合えるようにする。 ・事例を取り上げた理由を考えることが，文章の要旨を捉える学習にもなっていることを伝える。 ・第⑨〜⑩段落の説明がない場合と比べてみるようにさせる。

		・自分が生息環境の保護について意見を述べるときに，過去から現在の事例，現状の事例のどちらを主に取り上げたいですか。	・どちらを選択するか，理由を話し合うことで，意図的な事例の選択の仕方を学ばせることをねらいとさせる。

	4	○筆者の資料の取り上げ方や示し方を検討する。 ・資料の1～7は，どの段落の説明のために筆者が示しているのか確かめましょう。 ・それぞれの資料の取り上げ方，示し方のよさや改善点について考えてみましょう。 ＊資料1　（③段落）…………⑦ ＊資料2　（④-⑥段落）…⑦① ＊資料3-4　（⑦段落）…⑦①⑦ ＊資料5　（⑧段落）………⑦⑦ ＊資料6-7　（⑩段落）…①① ・あと一つ資料を示すとすれば，何段落の説明に，どのような資料を加えますか。 ＊第⑧段落にニホンカワウソなど絶滅した固有種の棲む場所の変化を示す資料を加える。 ＊第⑩段落の説明のために，資料6-7に，2017年以降のデータを加える。	**情報の活用②** ・読者の立場に立つこと，さらに自分が説明や考えを述べる立場として生かすことを意識化させる。 ・適切な資料が挙げられているか，筆者の意図も考えながら検討できるようにさせる。 〈適切な観点〉 ⑦筆者の説明や意見を裏付けるために，数値や年代に伴う変化を示すデータが挙げられている。 ①根拠となる事実を示すために，複数の関連する資料が示されている。 ⑦説明内容がわかりやすいように，図や写真が示されている。 〈改善が必要な観点〉 ①現資料，もとになった資料の出典や参考資料，作成年が示されていない。 ⑦他に示したい資料がある。
3	5	○文章での資料の取り上げ方，示し方の工夫を中心に検討する。 ・学習で学んだことを用いている例，新たな意図が見られる例，示し方に改善が必要な例を見つけて，考えをまとめタブレットを使い，伝え合いましょう。	**情報の活用③** ・本時の学習のねらいに適した既習の説明文教材，他の文章を複数用意しておく。 ・学んだことを振り返り，自分が説明するときに使いたい工夫を書きまとめる。

（大石正廣）

15 5年 「弱いロボット」だからできること

多様なテクスト情報を比べて読み，
級友との交流を通して多角的に捉える

情報の活用の観点から見た本教材の特徴

　本教材は，「テクノロジー」について，相反する考えの二つの文章から成り立っています。児童がそれぞれの立場から，二つの文章を比較することで，テクノロジーの進歩について考えることができるようになっています。また，「テクノロジー」は，現代社会になくてはならないテーマであることから，本教材だけではなく，様々な資料が身近にあります。あらゆる資料を根拠にしながら，テクノロジーの進歩について多角的に考えることができます。

❶ 二つの教材文

　本教材は，「テクノロジーの進歩」について，相反する二つの文章（主張）から構成されています。二つの文章を比較することで，両者の共通点や相違点が明確になります。また，比較して読むことで，より注意深く文章を読むようになることが期待できます。また，本教材で比較して読むことを学習するので，第3次で様々な資料を調べて読む際にも，読み方を応用することができます。

❷ 身近なテーマと豊富な資料

　本教材で取り上げられている「テクノロジー」は，児童にとって身近なテーマです。Ｚ世代と呼ばれる児童は，生まれたときから，あらゆる「テクノロジー」を身近に感じながら生活しています。日常生活で触れる「テクノロジー」について，児童の既有知識や経験を想起させることができるでしょう。

また，児童は，他教科でも「テクノロジー」について学習しており，他教科と関連付けることによって，自分の考えを広く形成することができます。

筆者の岡田美智男氏による，インターネット記事や動画等をはじめ，「ロボット」や「テクノロジー」に関連した書籍が多く発行されているため，第3次で扱う資料が豊富に揃っています。児童が，一つの事柄について，多面的・多角的に捉えることの大切さを実感するのに最適な教材と言えます。

情報を活用した授業づくりのポイント

情報の活用① 先行する教材文で読み方を学ぶ（ア，ク）

この教材は，本書第1章で言う，「学ばせたい読み方を示した短い教材文と，その読み方を使って読み進める長めの本教材の二つがセットになっている単元構成のもの」（p.18）と言えるでしょう。まずは，資料（＝短い教材文）を読み，具体と抽象に分けて考えることで，文章の構成や筆者の主張を捉えやすくなっています。この読み方を使って，本教材「『弱いロボット』だからできること」を読むことができます。また，それぞれの要旨を比較することで，共通点や相違点も捉えやすくなります。

情報の活用② 様々な資料を調べることで，新たな気付きに出合う（イ，ク）

教材文だけではなく，「テクノロジー」についての様々な資料を調べます。インターネット上の記事や，関連する動画，書籍などから，教材文以外の複数の情報を得て，自分の考えが広がるようにします。例えば，社会科で学習した「情報化した社会と産業の発展」（5年，東京書籍）の単元を振り返り，再度，社会科の教科書や資料集を関連付けて読むこともできます。国語科だけではなく，他教科や社会情勢と関連付けることで，さらに多面的・多角的に考えることができます。

情報の活用③ 自分の考えを更新し，多角的に捉える（イ，ウ，エ，キ，ク）

児童は，単元を通して「テクノロジーの進歩」について，次ページの図を用いて，「必要／不必要」の立場を明確にしながら自分の考えを3段階にわ

たって形成します。ここでいう３段階とは，「教材と出合う前の考え」→「教材文を学習してからの考え」→「教材文以外の情報（級友との交流内容やインターネットの記事，動画，書籍等）を得てからの考え」です。図示により自分と級友の考えの変容・

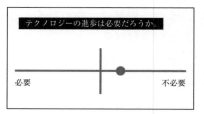

【自分の立場を示す図】

更新が可視化されます。こうした多彩な情報を得て活用することで，「テクノロジーの進歩」を多角的に捉え，自分の考えを変容・更新することが期待できます。

単元の指導計画（全６時間）

次	時	○学習活動　・主な指示や発問	指導上の留意点
1	1	○単元の見通しをもつ。 ・「テクノロジー」と聞いて思いつくことを，できるだけ多く発表しよう。 ○「テクノロジーの進歩」について，自分の考えを書く。	・単元の終わりに，自分の考えがどのように変容したのか書く（まとめる）ことを伝え，単元全体の見通しをもたせるようにする。 ・「テクノロジーの進歩」について，「必要／不必要」の立場を明確にして，自分の考えを書かせる。
2	2	○資料（教材文のあとに掲載）を読み，要旨をまとめる。	・具体（＝筆者の主張を支えるための事例）と抽象（＝筆者の主張）に分け，要旨を捉える。 ・文章の構成について捉え，尾括型の説明文ということを押さえる。
	3	○教材文を読み，要旨についてまとめる。	情報の活用① ・前時で扱った資料の読み方と同様に，具体と抽象に分け，筆者の主張を捉えさせる。
	4	○教材文と資料の要旨を比較して，	情報の活用①・③

		「テクノロジーの進歩」について考え，グループで交流する。	・二つの文章の要旨を比較させ，その違いに着目し，「テクノロジーの進歩」についての自分の考えを書かせる。 ・自分の考えが書けたら，グループで交流させる。
3	5	○様々な資料を調べて読んで自分の考えをまとめる。	**情報の活用②** ・インターネットの記事や関連動画，書籍等から調べたことと，生活経験や学習経験とを結び付け，自分の考えを書かせる。（再構築を促す。）
	6	○自分の考えをグループで交流する。	**情報の活用③** ・立場を明確にして，自分の考えを，第2次とは異なるグループで交流させる。 ・グループ交流後，全体で交流させる。 ・自分の考えが変容・更新したことを振り返ることで，級友と話し合うことのよさや価値を感じられるようにする。
		○「多角的に捉える」とは，どのようなことなのかを考える。 ・これまでの自分の考えや図を比べて考えてみよう。 ・自分の置いた点の位置はどのように変わっていましたか。	・交流したことをもとにして，「多角的に捉える」とはどのように考えることなのか，自分なりのことばで言い換えられるようにする。 ・学級全体での点のばらつきを比べるとなおよい。
		○単元を振り返り，学習をまとめる。	**情報の活用③** ・第1次，第2次と今の自分の考えとを比較することで，どのような学びがあったのかを書きまとめさせる。 ・テレビや新聞の報道に接するときにも，多角的に考えることを意識するよう促す。

（山角江美）

16 6年 『鳥獣戯画』を読む

絵や絵巻物に対する筆者の褒め言葉を手がかりに読み取り，
多様なテクストに触れることで見方・考え方を広げ批評する

情報の活用の観点から見た本教材の特徴

　アニメーション映画監督である筆者の絵や絵巻物に対する評価や主張を読み取ることを通して，見方・考え方を広げ，同時代の他の絵巻物や日本文化に関心をもち，それらのよさを説明したり批評したりする力を育てることができる教材です。

❶ 文体や論の展開等の表現の工夫と絵の示し方の工夫

　本教材は，国宝である『鳥獣戯画』をストーリー性や時間の流れという筆者独自のものの見方で読み解き，「人類の宝なのだ」と主張を述べた評論文です。冒頭から，スピード感溢れる表現で筆者の世界へ誘い込んでいく表現の工夫がされています。第③〜⑦段落では，アニメや漫画の手法と比較をしたり，つながっている絵をわざと切りはなして提示したりすることで，アニメの祖でもあることや絵巻物の優れた表現力について語り，読者を納得させる工夫がされています。これらの表現の工夫や，筆者ならではの見方・考え方を通して，読者は絵と絵巻物を読み解くことができます。

❷ 別の絵巻物や動画を読み重ねることで筆者の主張に迫る

　本教材では，他の絵巻物の一部も紹介されており，そこに描かれた様子や人々の表情を読み取ることで，絵巻物のよさを通して，筆者の主張に迫ることができます。また，筆者の監督作品である映画『かぐや姫の物語』を重ねて読むことで，線描写のよさや絵巻物を「漫画だけでなく，アニメの祖でも

あるのだ」という筆者の考えへの理解を深め，見方・考え方を広げることができます。

情報を活用した授業づくりのポイント

情報の活用① 筆者の表現の工夫から読みを広げる（ア，エ）

第２〜４時の学習では，児童は筆者の評価言を「高畑さんの褒めことば」として見つけます。そうすることで，絵や絵巻物に対する筆者の見方・考え方を読み取ることができるようにします。同様に，筆者が，蛙や兎の目や口の描き方，線の勢いから絵を細かに読み解き，体言止めや感動詞，投げかけなど様々な手法で表現していることを大切に読み取ることができるよう促します。児童の実態に応じて，第２〜４時の学習でも，次に示す他のテクストと重ね読む活動を設定し，線描写で表現された動物や人物の表情や動きを読み取り，筆者の絵の読み解きについてさらなる理解を促すこともできます。

情報の活用② 他のテクスト（絵巻物や動画）と重ねて読む（イ，ウ，エ）

教材文に示された絵だけでなく，他の絵巻物の読み解きや，筆者の監督作品である映画の一部分を視聴する活動を通して，「言葉だけでなく絵の力を使って物語を語るものが，とぎれることなく続いている」という日本文化の特色を，実感を伴いながら理解できるようにします。用いるテクスト例としては，本文では一部しか取り上げられていない「鳥獣人物戯画　甲巻」と「信貴山縁起絵巻」の全容があります。絵巻物を静止画として提示することも一つですが，スライドにして連続再生することで，「デジタル絵巻物」の提示となり，アニメーション効果を高めることもできます。

さらに，筆者の監督作品である映画『かぐや姫の物語』の一部分の視聴も効果的です。本作品は線の描写と絵巻物の要素を意識して制作されており，『鳥獣戯画』の線描写への評価言と「アニメの祖でもある」という筆者の主張に迫るための手立ての一つにできます。児童にそのまま提示するには難しい部分がありますが，授業者の教材研究として高畑勲（1999）『十二世紀の

アニメーション―国宝絵巻物に見る映画的・アニメ的なるもの―』を教材文と合わせて読むことも，筆者の見方・考え方への理解を促し授業づくりの新たな視点を増やすことにつながります。

　最後に，第３次では，単元導入時の絵や絵巻物の読み解きと，学習をし終えたあとの読み解きを比較します。こうした比較や，筆者の見方・考え方を学ぶことで，児童自身の見方・考え方の広がりや批評する力の高まりを実感できるようにします。第３次の別案として，教材文で示されている「信貴山縁起絵巻」に関わる古典文学と重ねて読むことで絵巻物だけでなく古の人々から受け継がれてきた物語へと児童の興味・関心を広げることもできるでしょう。

単元の指導計画（全９時間）

次	時	○学習活動　・主な指示や発問	指導上の留意点
1	1	○「鳥獣人物戯画」とはどのようなものかを知る。 ・絵巻物を見た感想を交流しましょう。	・絵巻物の状態にした「鳥獣人物戯画　甲巻」を見せ，気になったことや絵を見た感想などを伝え合い，読みの構えをつくる。
	2・3	○筆者は，何に着目して絵を見ているのか，読み解いたことをどのようなことばで表現しているのかを読み取る。 ・高畑さんの褒めことばを手がかりにしながら，絵の説明や評価を読み取っていきましょう。	情報の活用① ・筆者は『鳥獣戯画』をどのように感じ，どのようなことばで評価しているのかを絵と文を照らし合わせながら読み取らせる。 ・蛙や兎の台詞を吹き出しとして考えることで，絵の躍動感や漫画の祖という主張を読み取らせていく。
	4	○筆者は『鳥獣戯画』という絵巻物をどう見ているのかを読み取る。	情報の活用① ・筆者は『鳥獣戯画』をアニメの祖でもあると考えていることを，本

			文の「わざと切りはなして」という表現を手がかりに読み取らせていく。
		・高畑さんは絵巻物をどのようなものだと説明していますか。	
	5・6	○日本文化の特色と筆者の主張について読み取る。 ・日本文化の特色とはどういうものでしょうか。 ・筆者は『鳥獣戯画』の読み解きを通して、どのような主張をしていますか。	**情報の活用②** ・他の絵巻物や動画等のテクストと重ね読むことを通して、12世紀から今日まで、ことばだけでなく絵の力を使って物語を語るものが続いていることのすばらしさや、絵巻物が現代の漫画やアニメの原点であり価値があることなどを読み取らせる。
2	7	○筆者の主張についての自分の考えを交流する。 ・高畑さんが、なぜ『鳥獣戯画』を人類の宝だと主張したのでしょうか。	・「国宝であるだけでなく、人類の宝なのだ」という結末部分に着目し、筆者の主張に納得できるかどうかという視点で批判的読みを行うことで、自分の考えをもたせ、筆者の主張を突き詰めさせる。
3	8・9	○学習したことを生かして、もう一度『鳥獣戯画』や他の絵巻物を読み解き、互いに交流する。	**情報の活用②** ・筆者の考えを受け止めたうえで、再度、『鳥獣戯画』やその他の絵巻物を読み解き、よさを説明したり批評したりする文章を書かせることで、児童自身の見方・考え方を広げられるようにする。

（一ノ瀬里紗）

【参考資料】
川端善明（2004）「信貴山のものがたり」『宇治拾遺ものがたり』岩波書店
小松茂美編著（1987）『日本の絵巻（4）信貴山縁起』中央公論社
高畑勲（1999）『十二世紀のアニメーション―国宝絵巻物に見る映画的・アニメ的なるもの―』徳間書店
高畑勲監督『かぐや姫の物語』（2013公開）スタジオジブリ制作（※2014年に DVD 化）
寮美千子（2012）『空とぶ鉢―国宝信貴山縁起絵巻より（やまと絵本）』長崎出版

17 6年 「考える」とは

3編の文章・3人の筆者を重ねながら読み，
筆者と読者の立場から，「考える」ことを深く捉える

情報の活用の観点から見た本教材の特徴

❶ 児童にとって身近であり，ことばにしにくい「考える」こと

　小学校6年間の授業や日常生活で，児童はたくさん「考える」という経験を重ねてきたはずです。この意味で，「考える」ことは児童にとって身近な行為です。一方，いざ「『考える』とはどういうことか」と問われると，大人でも答えに詰まることでしょう。本教材の一つ目の特徴は，この身近さと言語化（対象化）の難しさとのギャップにあります。いきなり，三つの本文を読もうとすると，心が挫けてしまう児童がいるかもしれません。まずは，「たくさん考えた経験」といったことを入口に児童のエンジンを温めましょう。

❷ 筆者の伝えたいことと，教材を書いたときの願い

　3人の筆者は，それぞれの経験を切り口に「考える」ことについて語っています。一言で言い表せないテーマだからこそ，3人3様の見方・考え方から導かれる「主張・考え」にずれが生まれます。難しいテーマに，三つの文章とタフな単元になりますが，小学校6年間の学びの集大成として，児童が読者としてどのように立ち向かうのか，が試されます。

　鴻上氏は，自身の経験から「考える」と「悩む」の違いについて，日常生活で活用できるよう，「コツ」化しながら語っています。石黒氏はロボット研究者の立場から，解決されていない問いを考え続けることの深さについて語っています。粘り強く問い，考えることの意義に触れています。中満氏は，難民保護に携わった経験を踏まえ，人間だからできる行動する意義について

語っています。筆者は，未来を担う児童に向けて，何を願って，これらの教材を書いたのか。思い悩んだり，「分からない」状態に苦しんだりしている人への励まし，戦争を超え，他者理解や平和への願いなどに思いを巡らせ，自分の考えと重ねながら文章を読む体験が期待できます。

情報を活用した授業づくりのポイント

情報の活用① **教材を読む前に，自分の考えをつくる（エ，オ，カ，キ）**

　児童の生活経験（キ）と「『考える』とは」という題材を関わらせます。板書で整理しながら，そこに教師の経験も混ぜてみましょう。そのうえで，「『考える』とは □□□□ 」と，自由に自分の考えをまとめる活動を行います。「大切だ，よいことだ」や，反対に「難しい／面倒だ／大変だ」といったものも入るかもしれません。ここで，「『考える』とは…よくわからない」と入れる考えが出てきたら，「これはネガティブ or ポジティブ？」と教師が切り返すとよいでしょう。それは，石黒氏の伝えたいことを深く理解するきっかけになるからです。

情報の活用② **様々な情報を手がかりに読みの構えをつくる（ア，イ）**

　教材の扉の部分に，筆者のイラストとともに肩書きが記されています。こうした情報を手がかりに，筆者の肩書き（職業や専門性）とそれぞれの題名を手がかりに本文を予想し，読みの構えをつくります。タブレット端末等を用いて，本文に入る前に筆者の情報を検索することも有効です。

情報の活用③ **単元の序盤と終盤で自分の成長を自覚する（ウ，エ，ク）**

　読むことの授業では，級友と考え，級友の考えに揺さぶられ，自分の考えを更新する体験を重ねることを大切にしたいものです。そこで，①単元序盤と終盤で書いたものと比較する，②自分たち（自分と級友）の考えを交流しながら読み進める，③３人の筆者の文章を読んで，「考えた」ことをもとにミニ・エッセイを書き，級友とコメント交流する，という活動を設定します。

筆者になりきり，筆者たちの願いを捉える（ア，イ，キ）

　説明文の読みで大切にしたいことのひとつに，「筆者とどう通じ合うか」があります。批判的読みは，筆者の書き方や主張・考えの粗探しをするものではなく，大事な所はどこか，どのようなことを私たち（読者）に伝えたいのか，その考え・主張に私たちはどう思うか，を大切にすることです。

　そのうえで，「筆者が『なぜ』，私たちに伝えたいのか」を捉えることをねらいます。「筆者たちは，中学生になろうとする私たちにどのようなことを願うのか」を考えるために，自分が筆者になりきってのペア対談を設定します。「私にとって『考える』とは，…です。みなさんに伝えたかった理由は…」と，様々な情報を用いて語り合う姿を期待します。

単元の指導計画（全9時間）

次	時	○学習活動　・主な指示や発問	指導上の留意点
1	1	○単元名「『考える』とは」について考える。 ・「『考える』とは ☐☐☐☐ 」の四角枠に入ることばを自分なりに見つけてみましょう。 ・これまでに一番考えた経験はありますか。 （級友の考えと教師の考えを交流する。） ○単元の見通しをもつ。	**情報の活用①** ・「考える」ことについて自分の考えをもつために，学習の構えをつくる。 ・日常生活で「考えた」経験を想起させる。 ・3行程度「考える」というテーマで自分の考えを書く。
	2	○3人の筆者の情報（教科書の扉の絵と職業名）から，それぞれどのような文章を書いているかを予想し，交流する。	**情報の活用②** ・筆者らしさを考えるきっかけをつくる。 ・インターネットで筆者の情報を検索し，予想する（イ）。
2	3	○本文（3編）を通読する。	**情報の活用③**

		・一番心に響いた文章を選び，「感じたこと」や「みんなと考えたいこと」を書きましょう。	・自己の読み（ウ）をもち，級友と交流する（エ）。
	4	○それぞれの筆者の「『考える』とは…」をまとめる。 ・それぞれの筆者（鴻上尚史さん／石黒浩さん／中満泉さん）になりきって，「『考える』とは…」の「…」に入るように，まとめてみましょう。	情報の活用④ ・第5時に「筆者になりきってのペア対談」活動を行うことを伝えておく。 ・辞典類の活用（インターネット検索や辞典での意味調べ）を促す（ア⇔イ）。
	5	○筆者になりきって対談する。 ・「私にとって『考える』とは，…です。みなさんに伝えたかったのは…という理由です」の「…」を表現しましょう。 ○級友の対談を聞いて，考えたことをまとめる。	情報の活用④ ・二人一組を基本に対談する。 　石黒さん役と鴻上さん役 　鴻上さん役と中満さん役 　中満さん役と石黒さん役
3	6・7	○自分版ミニ・エッセイ「『考える』とは」を書く。 (1)自分がこれまでたくさん考えた経験について書く。 (2)3人の筆者のうち，特に心に響いた考えについて書く。 (3)これからの生活と「考える」ことを関連付けて書く。	情報の活用③ ・(2)については，一人に絞って書いてもよいし，複数名の筆者について書いてもよい。児童の意欲や状況に応じて柔軟に考える。
	8	○級友と読み合う。	
	9	○単元での学びを振り返る。	・第3時で書いた感想と，単元のまとめを関連付けることで，自分の考えの変容や更新を自覚できるように促す。

（正木友則）

18 6年 「永遠のごみ」プラスチック

自分と筆者の考えを比べ，
自分の読みをアップデートすることで，成長を実感する

情報の活用の観点から見た本教材の特徴

❶ 児童にとって身近な題材

　本教材は，プラスチックと自分たちの生活の関わりについて書かれたものです。児童は，自分たちの生活がプラスチックと切っても切れない状況にあることを実感するでしょう。しかし，題名では，プラスチックごみに対して「永遠のごみ」という強い表現が用いられています。こうした特徴を踏まえて，あえて「永遠のごみ」とした筆者の意図を予想し，何が論じられているかを考える学習を設定します。単元の終末で題名について再度検討し，筆者の論との整合性を考えます。最終的には，筆者が「永遠のごみ」と呼ぶ「プラスチック」と，児童自身がどのように向き合っていくかを表現できるよう展開します。次単元の「発信しよう，私たちのSDGs」と関連させることもでき，意見文やプレゼンテーションの表現活動に展開できる教材です。

❷ 教材文と資料との関連の検討

　複数の情報を関係付けて読むことができます。教材文である「『永遠のごみ』プラスチック」と資料である「生分解性プラスチックとは」，「使った漁網がかばんに生まれ変わる」を組み合わせながら，事象を多面的，多様的に捉えることができます。そして，二つの資料が教材文〈原情報〉（ア）のどこを補う文章となっているかを考えることで，自己の読み〈産出情報〉（ウ）をアップデートすることができます。多様で，多面的な見方で自分の考えを表現するときの参考にできます。

情報を活用した授業づくりのポイント

情報の活用① 生活情報と題名を関連させ，教材文を自分事として引き寄せる（ア，ウ，キ）

　教材文を読み進めるなかで，筆者がどんな課題意識をもっているか，どのような論理展開で，どんな資料を用いて説明しているかを読み取っていきます。その際，教材文を自分事として引き寄せておかなくては，実感的に読むことはできません。教材文と対峙するまでに明確にした生活経験〈根拠情報〉（キ）と，教材文〈原情報〉（ア）の題名を関連させながら読み，〈産出情報〉（ウ）をつくっていきます。また，単元はじめに検討した題名を単元終末に，再び検討します。これまで学習した筆者の論の展開や主張を反映しているかの妥当性や，「よりふさわしい題名がないだろうか」といった批判的読みをベースにした学習を考えます。

情報の活用② 他者との交流や教師の発問により，自分の考えを更新する（ア，イ，ウ，エ，オ）

　級友との交流，教師の発問〈参考情報〉（エ，オ）や，教材文以外のテキスト「資料1」と「資料2」と，教材文そのものとの関連について検討します。この検討は，〈原情報〉（ア）と（イ）を相互に関わらせるところにねらいがあります。具体的には，それぞれの資料が，教材文のどの情報と関連するか，について考えます。

　例えば「資料1」では，「生分解性プラスチック」について説明されています。「微生物の働きで分解する」という見方や，「捨てるプラスチックを減らす」といった問題解決の方法に，多様な見方が表れています。こうした筆者の発想と出合うことによって，多様な見方に触れ，「そのような見方があるのか」と新たな考えを獲得するきっかけにできます。

　また，級友の読み〈参考情報〉（エ）との交流を大切にすることで，これまでつくった，自己の読み〈産出情報〉（ウ）がアップデートされます。そ

して，単元末には，これまで学習のなかでつくってきた自己の読みと，筆者の考えについて比較します。自分の考え方の変容と，プラスチックごみ問題に対する自分の向き合い方をまとめます。

単元の指導計画（全11時間）

次	時	○学習活動　・主な指示や発問	指導上の留意点
1	1	○単元名・題名について考える。 ・「プラスチックのごみ問題」とありますが，そんな問題はありますか。 ・プラスチックは「永遠のごみ」だと思いますか。「永遠ではないごみ」はありますか。	情報の活用① ・ごみの分別やマイバックの持ち歩き等，生活における既有情報を出し合い，問題を共有したり，「永遠のごみ」ということばの妥当性を出し合ったりする。 ・プラスチックごみの既有情報がない児童には，教材文を読んでから再度尋ねることを伝えて，問題意識をもつことができるようにする。
	2	○「プラスチックのごみ問題」や「永遠のごみ」について考えながら教材文を読む。	・初発の感想を級友と共有させる。 ・学習の見通しをもたせる。
2	3	○教材文の内容の大体を捉える。文章全体の構成を確認し，要旨を把握する。	
	4	○自分が考えるプラスチックごみの問題点について考える。級友と話し合い，自分の考えを深める。 ・筆者が挙げた問題点のなかで，あなたが一番深刻だと思った問題はどれですか。その理由も考えましょう。	情報の活用② ・筆者が述べている問題点を整理し，共通点や相違点を見つけたり，「序論」との関連に気付いたりすることができるようにする。
	5	○プラスチックごみの問題の解決方法について自分の考えをもち，級友との話し合いで考えを深める。	情報の活用② ・筆者が述べている解決方法を整理し，共通点や相違点を見つけ，筆者の伝えたいことに気付くことができるようにする。

		・筆者が問題の解決方法として挙げた内容で，最も効果的だと思う解決方法とその理由を考えましょう。	
	6・7	○資料1と資料2の内容を読み取り，教材文のどの段落と関連する資料として使うかを考える。 ・資料1と資料2の内容を読みます。教科書のどの段落と関係するかを考えて，関係する段落の下に 資料1 と 資料2 と書き込みましょう。書き終わったら，友達に自分が書いた理由を伝えましょう。	情報の活用① ・資料1では，ごみを食べてくれる微生物や地球環境を汚さない捨て方等，話し合いを通じて，様々な見方ができることを実感できるようにする。 ・資料2では，回収して新しい製品にすることや，多く捨てずにすむこと等，話し合いを通じて，様々な見方ができることを実感できるようにする。
	8	○結論部分の筆者の主張と題名が対応しているかを考える。 ・筆者は題名で「『永遠のごみ』プラスチック」としています。筆者は，どのような意図でこの題名を付けたかを考えましょう。 ・この題名は筆者の主張を正しく反映していますか。他にもっとよい題名があれば考えましょう。	情報の活用① ・学習した内容や結論部の筆者の主張などから，題名との整合性を考えられるようにする。
3	9・10	○学習前のプラスチックに対する考え方と，学習したあとの考え方の変化をもとに，「未来への約束」という題で自分が学習したことをまとめる。 ・学習前と教材文や資料を読んで学習した今と比べて，自分の考えがどのように変わりましたか。 ・「未来への約束」として，プラスチックごみの問題に対して，自分の考えやできることをまとめましょう。	情報の活用② ・単元のはじめと終わりの自分を比較することで，自分の成長（＝筆者や教材文の見方や考え方が広がったこと）を実感できるようにする。 ・自分の考えをまとめる際，学習した内容である，プラスチックごみの問題点や解決方法，筆者の主張に加え，自分の考えを入れるように伝える。
	11	○学習を振り返る。	

（畠中紹宏）

第3章

新教科書の授業づくりガイド 文学編

1 1年　くじらぐも

お話の世界を想像し，楽しむ力を付ける

情報の活用の観点から見た本教材の特徴

　本教材では，見えるもの，聞こえること，手ざわり，気持ちなどを想像して楽しむことができます。そして，お話の設定や展開を正確に捉えることも学べます。

❶ 登場人物の設定

　この教材は，「くじらぐも」に乗って空の旅をするという日常では味わうことのできない不思議な世界を楽しむことができます。しかし，なかには「急に『くじらぐも』が現れたら怖いのではないか」「雲に乗るなんてできない」など，不思議な世界を受け入れることができない児童もいます。

　この不思議な世界の受け入れを可能にしているのは，「くじらぐも」や「子どもたち」などの登場人物のありようです。

　例えば「くじらぐも」の人物像は，次のように考えられます。「くじらぐも」は，空まで跳ぼうとする子どもたちを「もっと　たかく。もっと　たかく。」と何度も応援するやさしさがあります。また，「くじらぐも」が現れる場面の挿絵を見ると，大きなあごとは対照的に小さい目をした「くじらぐも」の姿がなんとも愛らしく，さらに手（ひれ）を伸ばしておどけたように真似をしている姿から親しみやすさを感じます。児童は，本文や挿絵の〈原情報〉から「親しみやすいユニークなくじら」という人物像（ウ　自己の読み）を産出することで，お話の世界を受け入れることができます。

❷ 空の回遊体験

　この作品の魅力の一つに，空を回遊する場面が挙げられます。児童は，場面を想像して，登場人物と一緒に楽しい空の旅に出かけることができます。

　しかし，小学１年生の児童が，どれほど空の回遊体験をリアルに想像できるのでしょうか。飛行機や気球に乗ったり，空から写された写真を見たりした経験がある児童は，はっきりと場面を想像できるかもしれません。ですが，そういった経験がない児童は，場面の様子を想像することが難しいのではないでしょうか。

　つまり，空の回遊体験を想像するには，豊富な〈根拠情報〉（キ　生活経験やメディア等で見聞きした事柄）や，それを補う〈参考情報〉（オ　教師の読み，発問・指示）が必要だと考えます。

情報を活用した授業づくりのポイント

情報の活用① 登場人物になりきって音読する（ア，ウ，オ，ク）

　人物像を想像する切り口として，音読の仕方を考える学習を行います。

　音読には，自己の読みが表現されます。例えば，「くじらぐも」の人物像をユーモラスで親しみやすい存在と捉えていれば「くじらぐも」の台詞を読むときの声や表情は明るくなります。反対に，おどろおどろしい存在と捉えていれば，声は低く表情も強張ります。「なぜ，そう音読したのか」と問うことで，児童が捉えている人物像を明らかにし，もとになった〈原情報〉や〈参考情報〉〈根拠情報〉を確認しながら，読みの検討を行います。

情報の活用② 場面の様子を想像する（ア，ウ，オ，キ）

　「くじらぐも」が現れた場面と空を回遊する場面での，「子どもたち」の台詞を想像する活動を行います。空を回遊する場面では，実際の高さを想像するためには，豊かな〈根拠情報〉が必要です。それを補うための手立てとして，インターネットで航空写真を見たり，校舎の高い所から景色を眺めたりする活動を取り入れます。そうすることで，想像が豊かにふくらみ，「ふわ

ふわだ！」「高くて，こわい！」「○○が見える〜！」などの台詞を考えることができます。

　しかし，この学習では，想像が「何でもあり」になってしまわないように注意が必要です。想像をふくらませる際にも，泳いでいる場所の高さや時間帯，行った場所などの設定やこれまでの展開を捉えることを指導します。「どうして，ふわふわだと思ったの？」「高いってどれくらい？」「本当に○○は見えそう？」など，児童の想像のもとになった情報を引き出すように問い返すことが大切です。また，「見えるもの」「聞こえること」「手ざわり」「気持ち」など，台詞を考えたときに想像した事柄を問うことで，お話の何を想像するのかを具体的に示します。

単元の指導計画（全8時間）

次	時	○学習活動　・主な指示や発問	指導上の留意点
1	1	○読んだ感想を伝え合う。 ・『くじらぐも』のお話は楽しめましたか。	・児童の発言を受けながら，「物語を楽しむためには，お話の世界を想像する力」が必要であることを確認し，単元のめあてにする。
	2	○物語の設定や展開をつかむ。 ・いつのお話ですか。 ・場所はどこですか。 ・誰が出てきますか。 ・出来事が起きた順番に挿絵を並び替えましょう。	
2	3	○「くじらぐも」になりきって音読する。 ・お話を詳しく想像するために「くじらぐも」になりきって音読しましょう。	情報の活用① ・音読の仕方から，どんな人物像を想像したのかを明らかにする。

		・なぜ, そう音読したのですか。	・人物像のもとになった情報を確認する。
	4	○「子どもたち」になりきって音読する。 ・なぜ, そう音読したのですか。	情報の活用① ・音読の仕方から, どんな人物像を想像したのかを明らかにする。 ・人物像のもとになった情報を確認する。
	5	○「くじらぐも」が現れたときの「子どもたち」の台詞を想像する。 ・どんなことを言ったと思いますか。	情報の活用② ・想像したことを「見えるもの」「気持ち」に分類し, 物語を読むときに想像する事柄として示す。
	6 ・ 7	○空を回遊する場面の「子どもたち」の台詞を想像する。 ・空から景色を眺めると, どんな景色が見えると思いますか。 ・どんなことを言ったと思いますか。 ・「見えるもの」「気持ち」以外に想像できたことはありますか。	情報の活用② ・想像の手助けとなるように, 航空写真を見せたり, 校舎の高い所から景色を眺めたりする。 ・想像する事柄として, 「手ざわり」「聞こえること」などを示す。 ・想像した理由を尋ね, もとになった情報を確認する。
3	8	○お話の世界を想像する楽しさについて考える。 ・物語を読むときには, 何を想像するとよいですか。 ・想像するときに, 何を手がかりにしますか。 ・詳しく想像しながら読むと, どんなよいことがありましたか。	・詳しく想像することで, 「わかる楽しさ」や「登場人物と一緒にお話の世界を体験する楽しさ」が感じられることを確認する。

（平井和貴）

2 1年 ずうっと，ずっと，大すきだよ

教材をモデルにして，自分の大好きなものの創作話を語る

情報の活用の観点から見た本教材の特徴

　本教材をモデルとして，ICT端末を活用しながら，自分の「ずうっと，ずっと，大すきだよ」の物語を創作して話すという授業を展開し，自分の大好きなものへの思いをことばで表現する力を育みます。

❶〈一人称視点〉での語り

　本教材は，「ぼく」から見た〈一人称視点〉で描かれています。児童にとって，初めての〈一人称視点〉の物語文です。「ぼく」が飼っていた犬のエルフとの思い出を，出会いから別れまで回顧しながら話していく，という構成になっています。そのため，エルフに対する「ぼく」の思いを，地の文から読み取ることができます。

❷ 物語のテーマ「身近な愛するものとの絆と別れ」

　「ぼく」は，自分にとって大切な存在であるエルフについて話しています。児童は，「ぼく」とエルフの関わりについて考えながら読み進めるなかで，そのエルフは既に死んでいることを知ります。つまり，本教材は，「ぼく」とエルフの絆を感じられる物語であると同時に，児童が教科書教材で初めて「死」と向き合う物語でもあります。

情報を活用した授業づくりのポイント

情報の活用① ICT 端末を用いて学習を振り返り，自己の変容を感じる （ウ）

　自己の変容を感じるには，今の自分と過去の自分を比べる必要があります。しかし，学習活動に取り組んでいる自分を俯瞰的に捉えることは，容易ではありません。そこで ICT 端末を活用し，感想などを記録するようにします。

　例えば，第1時と第6時では「ぼく」への感想カードを書きます。2枚のカードを並べて読み比べさせることで，自己の読みの深まりを実感することができます。（以下は感想カードの例）

〈第1時〉「エルフがしんじゃってとてもかなしいんだね。大じょうぶ？」

〈第6時〉「エルフがいなくなったのはかなしいけれど，大せつなものをエルフからもらえたから，はなしてくれたんだね。ありがとう。」

　また，第1時と第8時では自分の大好きなものについて語りますが，語るものは同じでも，エピソードや文章表現は異なるでしょう。それらを比べることで，語り手としての自己の変容を視覚的に捉えることができ，言語力や表現力の伸びの実感が期待できます。

情報の活用② 疑問をもった叙述から「ぼく」の思いを想像する

（ア，ウ，オ）

　「ぼく」と児童は異なる人物なので，理解できない言動があると考えられます。その際，ことばやエピソードを置き換えたり取り除いたりすることで，「ぼく」の思いを想像することができます。

　例えば，「『ぼく』は，初めに『エルフは，せかいで　いちばん　すばらしい　犬です。』と言っているのに，悪さをして家族に怒られる場面を話しているのは，なぜだろう」と疑問をもつことが予想されます。そこで，よいことをして家族に褒められる場面と差し替えて読み比べさせます。怒られるエルフをあえて選んだ「ぼく」の思いについて級友と交流することで，「ぼく」の思いに迫れるようにします。

情報の活用③ 大切なものとの思い出を想起し，物語として表現する

（ア，イ，キ）

　第3次では，本教材をモデルとして，自分の一番大切なものとの関わりを物語として表現します。その際，大切にしているものやその写真などを活用することで，自分と大切なものの関わりについて具体的に想起しながら創作できるようにします。また，創作する際には，パワーポイントのスライドやロイロノートのテキストなどの機能を使うと，集めたエピソードを組み替えたり削ったりすることが容易にできます。

単元の指導計画（全9時間）

次	時	○学習活動　・主な指示や発問	指導上の留意点
1	1	○一番大切なものについて話すという単元のゴールイメージをもつ。 ・あなたの一番大切なものは，何ですか。 ・「ぼく」に感想カードを送りましょう。	**情報の活用①** ・ICT端末を用い，大切なものについて話す様子や話した感想を記録させ，単元の終末で行う振り返り活動の充実を図る。
2	2	○物語の内容の大体を捉える。 ・登場人物は誰ですか。 ・エルフのどんな所が，世界で一番すばらしいですか。	**情報の活用①** ・「ぼく」を中心として人物関係図を作るようにする。 ・エルフのよさだけを話しているわけでないことに気付かせることで，エルフに対する「ぼく」の思いをわかりたい，という学習意欲を引き出す。
	3 〜 5	○場面の様子に着目し，登場人物の行動を具体的に想像する。 ・「ぼくの犬」ではなく，「ぼくたちの犬」の方が，よいのではあ	**情報の活用②** ・ことばを置き換えたり，除いたりすることで，「ぼく」の思いを想

		・りませんか。	像できるようにする。 〈例〉直前の一文（にいさんや……）を除く。
		・年を取ったエルフの様子を語る「ぼく」は，楽しそうに話しているでしょうか。 ・なぜ，「ぼく」はバスケットをあげたのでしょうか。	・「ぼく」の語り方に着目させることによって，物語を創作して語ることへの意欲を高めるようにする。 ・「あげた」を「取っておいた」に置き換えたり，「しぶしぶ」ということばを付加したりして，「ぼく」の思いに迫ることができるようにする。
	6	○物語の内容と自分の体験を結び付けて，感想をもつ。 ・「ぼく」に感想カードを送りましょう。	情報の活用① ・自己の読みの変容を感じられるように，第１時で書いた感想と比べさせる。
		・あなたは，大好きなものとの思い出をいくつ話せますか。	情報の活用③ ・大切にしているものの写真などを活用することで，自分と大切なものの関わりについて具体的に想起できるようにする。
3	7 〜 9	○一番大切なものについて創作話を語り，単元の学習を振り返る。 ・あなたの「ずうっと，ずっと，大すきだよ」の物語を作りましょう。 ・あなたの「ずうっと，ずっと，大すきだよ」の物語を話しましょう。	情報の活用③ ・ICT端末を用いて，物語を構成しやすくする。 〈例１〉スライドやテキスト機能 　→エピソードを並び替える。 〈例２〉カメラ機能など 　→非連続型テキストを挿し込む。
		・これまでの学習を振り返りましょう。	情報の活用① ・話の内容と語り方に着目して，第１時で記録したものと比較することで，自己の考えの変容を意識しやすくする。

（金子　瑛）

3 1年 おとうとねずみチロ

登場人物の気持ちに寄り添いながら，
関連図書を読み深める

情報の活用の観点から見た本教材の特徴

　本教材は，おばあちゃんから届いた1通の手紙をめぐって三きょうだい（チロ，にいさんねずみ，ねえさんねずみ）の会話から始まります。語り手は一貫してチロの視点から語っているため，〈三人称限定視点〉です。チロの会話文を声に出したり，行動描写を動作化したりしながら読み進めていきます。

❶ くり返しの表現，副詞表現

　作品内にくり返しや副詞表現が効果的に使われています。例えば，チロがおばあちゃんに対して「ありがとう」と2回くり返しています。それらは同じ読み方ではないため，その違いに着目すると，おばあちゃんへの感謝の気持ちが強くなっていることや，チロが必死に声を届けようとしている様子がわかります。音読する際，児童と「どう読みたい？」と確認しながら声の大きさや表情などを想像することが大切です。

❷ 中心人物の設定

　この物語では，中心人物であるチロの気持ちが大きく変容していく様子が描かれています。それを読み取るためには，チロが末っ子であることや，字が読めないほど幼いことなど，チロの人物設定を捉えることが大切です。そうするとお話の世界を楽しむ土台になります。例えば，末っ子のチロは，きょうだいのことばを鵜のみにしてしまい不安になってしまいます。「字が読

めない」から，おばあちゃんへ手紙を書くこともできません。それでも，誰の力も借りずにその心配を乗り越えていくチロの健気な姿に児童は共感しながら読むことができるでしょう。

情報を活用した授業づくりのポイント

情報の活用① 関連図書を読み「お気に入りのチロ」を紹介する

（ア，イ，エ）

　本作品は，『おとうとねずみチロのはなし』という絵本に収録されている「しましま」という題名のお話です。シリーズ作品を多読することで，チロの姿をより多角的・多面的に捉えることができます。

　お気に入りのお話を選んだあと，本の題名やお気に入りの場面などを紹介する活動を通して，級友と交流します。級友の紹介した本を手に取って読み，新たな読みの更新を図ることができます。そのため，児童が本を手に取りやすいような教室環境を整えておく必要があります。

情報の活用② 人物の行動や会話を動作化する（ア，キ）

　チロの行動を動作化したり会話文を声に出したりすると，チロの気持ちに迫ることができます。例えば，チロがいいことを思い付き，家を飛び出した様子を動作化するとチロの気持ちになりきることができます。動作とあわせて，表情も付けていくと，よりチロの姿を想像して読むことができます。

情報の活用③ お話を創作することで読みを補強する（ア，エ，オ）

　作品のなかでは，おばあちゃんの様子は描かれていません。そのため，「おばあちゃんにチロの声が届いた」のかどうかは，読者の想像に委ねられています。このような「空所」に着目することによって叙述との関連性を探りながら，豊かな読みを築き上げていくことができます。第6時では，おばあちゃんに声が「届いた」か「届いていない」かの立場に立って意見を交流します。それを踏まえて，おばあちゃんの様子を想像してお話を付け足します。自由な想像に任せるのではなく，自己の読みと物語の叙述を関連付けて，

お話を考えるように促します。この活動は，物語の内容を補強するものであり，児童の読みを豊かにするものです。

単元の指導計画（全9時間）

次	時	○学習活動 ・主な指示や発問	指導上の留意点
1	1	○単元の見通しをもつ。 ・お話を読んで「ふしぎだな」「おもしろいな」と思ったことを伝えましょう。	**情報の活用①** ・教室内に関連図書の場を設け，本を手に取りやすいように工夫する。 ・物語を読んだあと，児童の問いを中心に交流する。
	2・3	○物語の設定や場面を捉える。 ・登場人物は誰でしょう。 ・チロはどんな子ですか。 ・挿絵を並び替えましょう。「人・時・場所」で挿絵を分けましょう。	・物語のなかで一番気持ちが描かれている人物を確認する。
2	4・5	○表現の効果に着目し，音読や動作化を通してチロの心情の変化を読み取る。 ・チロの考えた「いいこと」とは何ですか。 ・「ありがとう。」と「あ，り，が，と，う。」はどう読みたいですか。そのわけも考えましょう。	**情報の活用②** ・チロの気持ちと音読の仕方（声の大きさ・読む速さ・間の取り方など）を考えて心情を読み取らせる。

	6	○チロの声は，おばあちゃんに届いたのかどうか考える。 ・チロの声は「聞こえた」と思いますか。それとも「聞こえなかった」と思いますか。	 ・どちらかの立場を選択させてから理由を交流させる。 ・叙述の根拠をもとに理由を伝え合わせる。
	7	○おばあちゃんの様子を想像してお話を付け足す。 ・「…耳を　すまして　いました。」のあとに，もしも「そのとき，山のずっとむこうのうちでは，おばあちゃんが，二まいめのチョッキをあみ終えたところでした。」という一文があったら，あなたはどんなお話が続くと思いますか。 ・付け足したお話を読み合いましょう。	・対象人物である「おばあちゃん」の視点からお話を付け足させる。
3	8 ・ 9	○関連図書を読み，「お気に入りのチロ」を紹介する。 ・どんな所がお気に入りですか。紹介したいことをカードにまとめましょう。 ・「お気に入りのチロ」を紹介しましょう。	 ・複数の作品のなかから気に入ったお話を級友に伝えることで，他作品への興味・関心を引き出す。

（古沢由紀）

4 2年 お手紙

英語の原作や翻訳者の思いに触れ，多面的・多角的に読む
—『ちょこっと翻訳』で作品のよさを再発見！—

情報の活用の観点から見た本教材の特徴

　歴史ある本教材には様々な先行実践がありますが，以下の３観点を活用して，英語の原作に触れ，読解後に『ちょこっと翻訳』に挑戦します。『ちょこっと翻訳』は，本来の翻訳とは若干異なり，英文の直訳文をふさわしい日本語に変える言語活動です。翻訳者の思いに触れたり，表現を吟味したりするなかで，作品のよさを再発見できる活動になります。

❶ 豊富な参考資料

　本教材の原作は米国の絵本作家アーノルド・ローベルによる "The Letter" です。日本語版，英語版の音読やアニメの動画も豊富です。教材分析の様々な資料，翻訳者である三木卓さんへのインタビュー記事，同一作者の他作品も多数あり，インターネットで簡単に検索することができます。出所や著作権に十分注意して活用すれば，多面的・多角的な読みが実現できます。

❷ 個性的な登場人物

　登場人物であるがまくんとかえるくんの愛すべきキャラクターは，人物の行動を具体的に想像したり，人物になりきって動作化したりするのに最適です。豊かな表情や細部までも魅力的な挿絵，同じシリーズの本が揃えやすいという環境も，人物や作品についての多くの考えを生み，活発な交流を促します。

❸ 身近なテーマ

　"手紙" "友だち" などの身近なテーマ設定は，学校生活に慣れ，人間関係に広がりが出てくる2年生にとって非常に親しみやすいものとなっています。そのため，導入時はもちろん，毎時間の授業で「生活経験や見聞きした事柄」を常に意識し，比較しながら学習を進めていくことができます。

情報を活用した授業づくりのポイント

情報の活用① 原作や翻訳の一端に触れ，作品を多面的・多角的に読む（イ）

　教材との出合いを英語版にすることで，新鮮さと期待感を高め，読解や音読の目的を明確化します。最初は全文ではなく一場面のみを英語版絵本で読み聞かせ（または動画視聴）し，「学習の最後には全部英語で読んでもお話がわかるよ。」と意欲付けします。十分読解を深めてから改めて原作を読むと，あらすじを把握しているのでほとんどの内容を理解でき，達成感が得られます。そのうえで，翻訳者の思いに触れ，『ちょこっと翻訳』に挑戦します。

情報の活用② 登場人物になりきり，級友の考えと合わせて読む（ウ，エ）

　登場人物の心情を読み取って言語化していく際には，お面，ペープサート，人形などを用いた劇化を取り入れ，感情移入しやすくします。さらに，登場人物になりきれた度合いを「なりきり度チェック」で視覚化し，どのくらい気持ちを読み取ることができたかメタ認知させます。また並行読書を通して，生まれる多くの考えを級友と交流することで，それぞれの読みの深化が期待できます。

情報の活用③ 生活経験や見聞きした事柄とつなげて読む（ア，オ，キ）

　「自分だったら？」「お手紙をもらって嬉しかったことは？」など，生活場面を想起させるような発問を投げかけることで，文章の内容と自分の経験とを結び付けて感想をもつ学習を重ね，読みを深めていくことができます。

単元の指導計画（全12時間）

次	時	○学習活動　・主な指示や発問	指導上の留意点
1	1	○教材と出合う。 「英語の題名→登場人物の絵など→英語版の一場面→日本語版全文」の順とする。 ○初発の感想を書く。	**情報の活用①** ・英語版から出合わせて「読みたい！」という気持ちを高めてから，日本語版を範読する。 ・翻訳された作品であることを簡単に説明する。
	2	○初発の感想を交流する。 ○学習の見通しをもつ。 「１年生に作品を紹介しよう」	・これまでの学習経験のなかで，今回の読むことに活用できそうなものを想起させる。
2	3	○教材文を読み，物語の大体を捉える。 ○各場面での登場人物の様子や行動を，ことばや挿絵を手がかりにつかむ。 ○登場人物の行動の理由，発言の様子や考えていることを推測する。 ○自分だったらどんな行動をするかを考えて劇化する。 ○お互いの考えを交流する。 ○教科書を見ながら英語版の読み聞かせを聞く。（適宜） ○学習を振り返る。 ・以上のような流れで，五つの場面を１時間に一つずつ読み進める。	**情報の活用①・②・③** ・「音読→人物の行動把握→理由や気持ち→自分との比較→劇化→交流→（英語版）」の流れで場面ごとに読解を進める。 ・英語版の読み聞かせの有無は，児童の様子を見て判断する。 ・表にまとめるワークシートを用いて，教材文と挿絵，自分の生活経験や級友の読み取りとの関連を意識させる。 ・毎時間の振り返りで登場人物にどれだけなりきって気持ちを考えられたか視覚化し，メタ認知を図る。
	4	a 玄関	例：がまくんなりきり度チェック
	5	b かえるくんの家	
	6	c がまくんの家	どれだけ　がまくんに　なりきれましたか。色を　ぬろう。
	7	d かえるくんのお手紙	
	8	e 玄関	

		（朝学習：シリーズ本の並行読書）	꒰ঌ꒰ঌ꒰ঌ꒰ঌ꒰ঌ꒰ঌ りゆう…〇〇とわかったから
	9	○英語版「お手紙」全文の読み聞かせを聞く。（または動画視聴） ○感想を交流する。 ＊英語でもお話がわかった！ ＊みんなで勉強してきてよかった。 ＊「親友」は "best friend" か。	・全文を一気に英語で読むのではなく，場面ごとや段落ごとに「英語版→日本語版」と交互に読むと理解しやすい。両方の絵本を用意し，交互に見せて読み聞かせするのもよい。
3	10	○１年生に作品を紹介するために，『ちょこっと翻訳』に挑戦する。 ○PCの翻訳機能を使った直訳と，教科書教材を比べて読んでみる。 ○第２次の学習を活用し，対話しながら教室のPC上で「２年□組訳『お手紙』」を完成させる。 ＊「親友」って難しいから「友だち」でいいと思う。 ＊普通よりずっと仲よしだから「親友」じゃないとだめ。 ＊三木卓さんは「絶対『親愛なる』でいかなきゃ」って言ってるよ。	**情報の活用①** ・インタビュー記事の一部を紹介し，翻訳者が工夫して翻訳したこと，その思いを知らせる。 ・１年生にはことばが難しいのではないかと問い，「親友」「親愛なる」などについて吟味し，ふさわしい表現を考えさせる。（＝『ちょこっと翻訳』）原文のままも可とする。 ・翻訳の箇所は児童の実態に応じて，一単語，一文，一場面につき一文など，範囲を調整する。
	11	○１年生に作品を紹介する。	・表現方法は児童の実態に合わせる。
	12	○学習を振り返る。	・国語学習で英文を理解できた達成感と，他の翻訳作品や外国語活動への興味がもてるとよい。

（中畑淑子）

【参考文献】

Arnold Lobel.（2003）Frog and Toad Are Friends（An I Can Read Book）. Herper Collins Publishers.

アーノルドローベル作／三木卓訳（2022）『ふたりはしんゆう　がまくんとかえるくん　ぜんぶのおはなし』文化出版局

永岡綾・大久保美夏編（2021）『がまくんとかえるくんができるまで　アーノルド・ローベルの全仕事』ブルーシープ

5　2年　みきのたからもの

登場人物になりきって書く「なりきり作文」で読みを深める

情報の活用の観点から見た本教材の特徴

　中心人物である"みき"になりきり，心情を具体的に書き表す「なりきり作文」を活用します。みきの心情を具体的に想像することは，児童自身が「未知との出会い」を体験することと，単元を貫く問いに対する自分なりの考え（読み）をもつことにつながります。

❶ 具体的に語られない「みきのたからもの」というキーワード

　本教材で「みきのたからもの」ということばは，題名を含め3回出てきます（本文末尾のみ「たからもの」）。しかし，「みきのたからもの」が何であるかは明確に語られていません。つまり，「みきのたからもの」をどのように捉えるかは，読者に委ねられています。このような特徴は，児童の間にずれを生み，「みきのたからものとは何か」という問いを強く意識付けます。そのため，単元を貫く問いとなることが期待できます。

❷ 簡明なことばによる心情表現

　本教材には，みきと宇宙人の「出会い」「約束」「別れ」という出来事が描かれています。それぞれの出来事におけるみきの心情は「さびしい」などといった簡潔なことばで表現されています。この特徴によって，みきの心情を容易に読み取ることができます。しかし，みきの心情は，一言で言い表せないほど複雑なはずです。みきの複雑な心情を捉えることが，「未知との出会い」を体験し，読みを深めることにつながります。

情報を活用した授業づくりのポイント

情報の活用① **キーワードから単元を貫く問いをもつ（ア，イ）**

　扉のページでは「みきのたからものとは，何なのでしょうか」と問いかけています〈原情報ア〉。そのため，児童は「みきのたからもの」というキーワードに自然と着目し，それが何であるかという問いをもつでしょう。しかし，一読しただけでは，宇宙人からもらった石が「みきのたからもの」だと捉えてしまうかもしれません。これではずれが生まれません。そこで，作者である蜂飼耳さんのインタビュー動画〈原情報イ〉を見せます。この動画には，児童の考えを揺さぶることばがいくつもあります。インタビュー動画は，どの児童にも自己の考えを見直し，新たな考えを生み出すことを促すため，ずれが生じる契機になるでしょう。

情報の活用② **登場人物になりきることで，心情を具体的に捉える**

（ア，エ，オ）

　「なりきり作文」とは，ある登場人物になりきり，その人物が考えたり，感じたりしたことを，話しているように書き表すものです。みきが話しているように書き表すことで，心情表現を情報として取り出すにとどまらず，みきの複雑な心情を，より具体的に想像し，捉えることができます。本単元では，宇宙人との「出会い」「約束」「別れ」という大きな出来事における，みきの心情を「なりきり作文」で書き表します。みきになりきり，叙述〈原情報ア〉をもとにして，その心の内を具体的に捉えようとすることで，児童自身も「未知との出会い」を体験することができるでしょう。それだけではなく「みきのたからものとは何か」という問いに対する考えが，「なりきり作文」のなかに自然と表出することも期待できます。教師が全体交流や，作文の添削の際に，児童の作文に対して「あなたは『みきのたからもの』をそう考えているのかな。」〈参考情報オ〉とフィードバックすることで，児童は自分の考えをメタ認知することができます。さらに，級友の異なる考えや書き

ぶり〈参考情報エ〉に触れることで，自分の考えを見直したり，新たな考え
に気付いたりしながら読みを深めていくことができるでしょう。

単元の指導計画（全8時間）

次	時	○学習活動　・主な指示や発問	指導上の留意点
1	1	読みの体勢づくりをする。 ○自分のたからものについて交流する。 ○題名読みをする。 ・「みきのたからもの」とは何でしょうか。	・自分なりに「みきのたからもの」を予想することで，教材への興味を高める。
	2	単元を貫く問いをもつ。 ○本文を通読する。 ・「みきのたからもの」が何か考えながら読みましょう。 ○作者のインタビュー動画を視聴する。 ・蜂飼さんのインタビューを聞いて考えは変わりましたか。 ○級友と考えを交流する。	情報の活用① ・「みきのたからもの」が何か考えて読むことができるよう，扉のページの問いや題名に着目させる。 ・インタビューの内容を活用できるよう，インタビューを文字にしたプリントを配る。 ・自分の考えを見直させるために，インタビューで考えが変わったか問う。 ・考えのずれを生むために，自分と異なる考えの級友と交流するよう促す。
2	3	設定や内容の大体を捉える。 ○内容の大体を捉える。 ・みきと宇宙人の間でどのような出来事がありましたか。 ・この物語はどれぐらいの時間の間のお話ですか。	・宇宙人との「出会い」「約束」「別れ」という三つの出来事があったことを捉える。
	4 〜 6	三つの出来事におけるみきの心情を具体的に捉える。 ※1時間の展開（各出来事共通）	情報の活用① ・「なりきり作文」で活用できるよう，様子や心情を表すことばを本

		○みきの様子や心情がわかること ばを本文から見つける。	文から見つける。
		○みきになりきって「なりきり作 文」を書く。	
		・みきの心のなかは色々な気持ち が混ざっていそうですね。みき になりきり，気持ちを話してい るように書きましょう。	・叙述の心情表現だけにとらわれな いよう，みきが複雑な心情である 可能性を示唆する。
		○「なりきり作文」を交流する。 ○ペアやグループで交流する。 ○全体で交流する。	・自分の考えに気付くことができる よう，作文の内容からフィードバッ クする。 ・新たな考えや書き方に気付くこと ができるよう，多くの級友と交流 できるようにする。
3	7	「みきのたからもの」について自 分なりの考えをまとめる。 ○宇宙人と出会った日の日記をみ きになりきって書く。	情報の活用② ・自分の考えを書きやすいよう「わ たしにはたからものができまし た。」という書き出しを示す。 ・第２次で書いた作文をもとに考え るよう促す。
	8	○「なりきり作文」を級友と読み 合う。	

【「別れ」の場面における「なりきり作文」の記述例とフィードバック例（稿者作成）】

> 児童
>
> おわかれはさびしいな。でも，きっとまた会えるよね。わ たしは，ぜったいうちゅうひこうしになってポロロン星に 行くんだ。それでナニヌネノンにもうーど会うんだ。よ し，これからうちゅうひこうしになるためにがんばるぞ！

> あなたは「みきのたからもの」をうちゅうひこ うしという「ゆめ」だと考えているのかな。
>
> 教師

（七ツ谷祐太）

6 2年 ニャーゴ

主教材のおもしろさを見つけながら，
比べる観点を共有し，副教材と読み比べる

情報の活用の観点から見た本教材の特徴

　情報を活用する力を育てるためには，物語の読みを能動的で積極的なものにする必要があります。その方法として，「比べ読み」を活用します。

❶ 食べるか食べられるかの関係がおもしろい主教材

　主教材「ニャーゴ」には，ねこと子ねずみたちの，食べるか食べられるかの緊張関係とその解放が表されています。なぜ食べることができなかったのかを考えるために，それまでの両者のユーモラスなやり取りを読んでいきます。叙述や挿絵をもとに人物の人柄，変容や人物の相互関係，物語の題名，展開，終末などが様々な情報として得られていきます。

　児童は「ニャーゴ」のおもしろさを見つけながら，副教材「きつねの　おきゃくさま」との比較の観点も捉えることができていきます。

❷ 似通った内容であるが，相違点がはっきりしている副教材

　副教材の「きつねの　おきゃくさま」も，きつねとひよこ，あひる，うさぎとの緊張関係があり，主教材の展開と似通っています。二つの物語を読むことで，児童は，自然に比べ読みに誘い込まれます。結末は大きく異なりますが，当初の緊張関係は解放されていくのです。

　以上，二つの教材には，「食べる側」と「食べられる側」が存在し，内容，人物，虚構の方法などを比べて，共通点や相違点が見つけやすくなっています。

情報を活用した授業づくりのポイント

情報の活用① **主教材のおもしろさを見つけながら比べ読みの観点を探る**

(ア, ウ, エ, オ)

　主教材では,「なぜ, ねこは3匹の子ねずみを食べられなかったのか」を追求しながら, 教材のおもしろさを見つけていきます〈産出情報〉。それが次の副教材との比べ読みの観点を探ることにもつながります。おもしろさと関係のある比べ読みの観点は, 概ね以下のようになると予想できます。(1)題名, (2)食べる側と食べられる側との出会い, (3)食べる側と食べられる側の関係性, (4)食べる側の人柄と変容, (5)食べる側が, 食べられる側を食べられなかったこと, (6)終末の場面, (7)展開や人物・語り手の設定, (8)くり返しのことば, など, これらの観点は, 学級全体による〈産出情報〉とも言えますが, 第3次の比べ読みの〈参考情報〉として活用します。

情報の活用② **音読をもとにくり返しのことばの効果や心情を読み取る**

(ア, ウ, エ)

　上に挙げた比べ読みの観点(8)「くり返しのことば」とは, 3回の「ニャーゴ」です。その音読に, 前後の叙述も含めて取り組みます。そこでいきなり意味を問うのではなく, まず児童が前後の叙述も含めて声に出して読む, その楽しさから徐々にイメージが立ち表れ, 意味が浮上していきます。"音読が読解を引っ張る"という感じで, くり返しのことばを活用して, 人物の心情やくり返しの効果を読み取ります〈産出情報〉。そして, この活動と同様に, 副教材の「ぼうっと　なった」「うっとりして」「まるまる　太って　きたぜ」のくり返しとそれを中心とした前後の叙述においても, 立ち上がったイメージが, さらに広がっていくまで音読を楽しんでいきます。

　以上, 教材のなかのくり返しのことばなどを〈原情報〉とし, 教師のことばかけや級友の音読などの〈参考情報〉を加えて, 人物の心情やくり返しの効果などの〈産出情報〉が得られます。

内容，人物，虚構の方法などの観点で読み比べる

（ア，エ，オ）

　比べ読みの観点に沿って共通点や相違点を取り出し，整理して，その関係を理解することで，人物の行動や変容をより確かなものとして捉えられ，教材のおもしろさもより感じられるようになります。例えば，(1)「題名」は，主教材ではねこが発する「ニャーゴ」という鳴き声です。一方，副教材では，きつねのところに訪れる「おきゃく」という人物です。鳴き声と人物という相違点があります。しかし，「ニャーゴ」は，ねこの変容を表す重要な音声言語でもあります。「おきゃくさま」は，3匹の動物におおかみを含めたものと考えられ，きつねの変容に大きな役割を果たした「おきゃく」とも言えます。どちらの題名も，人物の変容に関わったものと考えられます。

　教師の発問や級友との交流や比較を整理した表などを〈参考情報〉として加えることで，読みのおもしろさや深まりを〈産出情報〉として得られます。

単元の指導計画（全12時間）

次	時	○学習活動　・主な指示や発問	指導上の留意点
1	1	○「ニャーゴ」（以下，「A」とする）を読み，大体の内容を捉えて，初発の感想を書く。 ○「A」のおもしろさを捉え，「きつねの　おきゃくさま」（以下，「B」とする）と読み比べるという単元の見通しをもつ。	情報の活用① ・おもしろい所を中心に，疑問なども書くようにする。 ・まずは，「ニャーゴ」を読んでいくこと，その後，「きつねのおきゃくさま」と読み比べることを伝える。
	2	○前時の感想で書いた，疑問やおもしろさを共有する。 ○人物・場所・時を手がかりに場面分けをする。	・共有したことを活用して学習課題にしていくようにする。 ・教師と児童が一緒に取り組むようにする。
2	3	○先生の話を聞かなかった子ねずみたちとねことの出会いから，子ねずみたちの気さくで，健気で，素直な態度と，ねこの戸惑いの様子を捉える。	情報の活用① ・教師のことばと挿絵から子ねずみの様子を捉えさせる。 ・「どきっと」「顔を　赤く」「口を　とがらせて」などから戸惑いを捉えさせるようにする。

	4	○一緒にももを取りに行き，怖い顔で「ニャーゴ」と叫ぶねこと，「ニャーゴ」の意味を説明する子ねずみたちを捉える。	情報の活用② ・1回目の「ニャーゴ」とも比べさせ，また，ねことは対照的な子ねずみたちの「ニャーゴ」とのずれに気付かせる。
	5	○ねこにももをあげる子ねずみと，ため息をつき，別れていくねこの気持ちを考える。	情報の活用① ・数のしかけにも気付かせる。 ・いつ食べるのをあきらめたかについても考えさせる。
	6	○ねこが子ねずみたちを食べるのをなぜあきらめたかを考える。 （ここまで「A」に取り組む。）	・最後の「ニャーゴ」の音読をもとに，ねこのことばを吹き出しに書かせる。
3	7	○「B」を読み，大体の内容を捉え，「A」「B」の「出会い」について読み比べる。	情報の活用③ ・食べる側と食べられる側の心情のずれを捉えさせる。
	8	○「A」「B」の食べる側と食べられる側の「人物の関係」と「人柄」を読み比べる。	・食べる側と食べられる側ということを確かめる。
	9	○「A」の「ニャーゴ」と「B」の「ぼうっと なった」「うっとりして」「…まるまる 太って きたぜ」のくり返しについて心情や意味を捉える。	情報の活用②・③ ・「B」の「…太って きたぜ」は誰の思いや，誰のことばであるのかを考えさせる。音読表現を先行させてから，心情や意味を考えさせる。
	10	○「A」「B」の「終末」と「題名」を読み比べる。 ・最後の場面はどのような別れ方をしたのでしょうか。 ・「B」の題名の「おきゃくさま」に4匹目としておおかみは入っていますか。	情報の活用③ ・「A」では家に帰ってから，ねこが家族にどう伝えたか，「B」では，きつねがなぜ，「はずかしそうに わらって しんだ」かを考えさせる。 ・「A」「B」のどちらの題名も，中心人物の変容に関わっていることに気付かせる。
	11	○「A」では，「もし，ねこと子ねずみが次に会ったら，ねこは食べるか」，「B」では，「もし，おおかみと出会わなかったら，きつねは食べるか」を考える。	・それぞれについて食べるか，食べないかを書き，その理由も書き加えるようにする。
	12	○「A」「B」を読み比べて，わかったこと，おもしろかったことなどを書き，交流し，読み比べのよさを見つける。	・比べて表にしたものを見ながら，読み比べることの意味を捉えさせたり，楽しさを味わわせたりする。

（田窪　豊）

7 　3年　モチモチの木

語り手の特徴を生かして物語作品を読み，
挿絵を活用した映画版『モチモチの木』ポスターを作る

情報の活用の観点から見た本教材の特徴

　本教材では，豆太の人物像が，語り手によって表現豊かに描かれており，挿絵によって物語作品のイメージがよりいっそう引き立てられています。また，じさまの心情に寄り添った語りは限定的です。

❶ 表現豊かな豆太の人物描写

　語り手は，物語の冒頭から豆太の臆病な姿を描写し続けます。しかし，豆太は，じさまの腹痛をきっかけに，夜中に一人で医者様を呼びに行きます。読者が「豆太は勇気のある子」と思いかけたところで，じさまをしょんべんに起こすので，読者は「やっぱり豆太は臆病なのかな」「なんであのときは一人で夜道に出られたの？」といった問いを抱くことになるでしょう。このような問いは，物語全体を読み返すことを促し，豆太の人物像を多面的に捉えることにつながります。各々の読者が豆太をどのように捉えるのか，自己の読みと他者の読みをつなげていくことで，読み深めることが期待できます。

❷ 限定的なじさまの視点での語り

　語り手は，第三者の視点から物語を描きつつも，豆太に寄り添って夜のモチモチの木や，霜月二十日の出来事について語っています。ただ，じさま視点で心情が語られている所は，限定的です。一方，じさまが豆太を思う言動は随所から読み取れ，どこまでも愛情をもって豆太を見守り続けるじさまの心情が想像できます。

❸ 本文と挿絵（非連続型テキスト）との親和性

　作者の斎藤（1979）は対談のなかで，挿絵を担当する滝平二郎について，「滝平さんの絵は一枚の絵を見ても『物語性がある』」とし，25年来付き合って，さし絵はほとんど描いてもらったと述べています。斎藤氏にとって滝平氏の描く挿絵は，自分の思い描く物語世界そのものであったのでないでしょうか。〈原情報〉である教材文と挿絵との親和性は，それだけ高いものであったと考えられます。豆太のために実を木臼でつくじさまの様子，豆太を膝の上に乗せて見つめるじさまの温かい眼差しからは，豆太のありのままの姿を受け止めるじさまの温かい心情を想像することができます。

情報を活用した授業づくりのポイント

情報の活用① 豆太の人物像について，物語全体から考える（ウ，エ）

　第２次では，いきなり大きな問題（人物像に関わる問い）に取り組むのではなく，まず「霜月二十日のばん」までの豆太の心情について考え（第４時），そのうえで，人物像について考えます（第５時）。物語の冒頭から結末まで，夜のモチモチの木を怖がり，一人でせっちんに行けない豆太ですが，じさまのために半道もあるふもとまで夜道を一人で走る豆太もまた豆太の姿なのです。物語全体に描かれたそのような豆太の姿から人物像を想像することができるよう，他者の読みと結び付けながら捉えられるようにします。

情報の活用② 挿絵を活用し，じさまの豆太への思いを想像する（ア，エ）

　豆太の人物像について読み深めたうえで，じさまの豆太への思いを考えます（第６時）。豆太のことをいつも見守ってきたじさまの思いについて考えることは，本教材をより豊かに読むことにつながると考えます。じさまの心情に寄り添って語られる叙述がごく一部であるため，じさまの言動をもとに想像を広げて読むことができます。その際には，じさまと豆太が共に過ごす挿絵を提示し，吹き出しのことばを考えさせるようにすることで，場面を焦点化し，じさまの温かい眼差しからもその心情を想像できるようにします。

挿絵を活用して，ポスター作りをする（ア，ウ）

　映画版のポスターを作るという設定にすることで，物語作品中の挿絵選び
や，キャッチコピー作りの活動へとつなげます。子ども向け映画のポスター
では，登場人物に同化した台詞をキャッチコピーとして用いているものが多
く見られます。そこで，第２次での読みをもとに，じさまから豆太へ，ある
いは，豆太からじさまへの台詞を考えます（第３次）。登場人物からポスタ
ーを読む人へのメッセージ，あるいは，児童からポスターを読む人へのメッ
セージ，登場人物へのメッセージという選択肢を加えることも工夫の一つで
す。印象に残った場面や好きな場面の挿絵を選択し，そこからことばを考え
るようにすることで，物語世界をイメージしながら考えることができます。
実際に映画ポスターを紹介したり，絵本にしかない挿絵を追加することも手
立ての一つとなります。ICT 端末の活用も考えられます。

単元の指導計画（全９時間）

次	時	○学習活動　・主な指示や発問	指導上の留意点
1	1	○難語句や比喩表現の意味，大まかな場面設定を確認する。	情報の活用① ・辞書で意味を調べさせる。 ・登場人物や，その関係性について，大まかに捉えさせる。
	2	○あらすじを捉え，初発の感想を書く。 ・「感想の観点」をもとに，感想を書きましょう。	情報の活用① ・「感想の観点」は印象に残った場面，豆太やじさまのことをどんな人だと思うか，不思議に思うことの３点とする。
	3	○初発の感想を交流する。 ・どんな場面が印象に残りましたか。 ・不思議に思ったことは，どんなこ	情報の活用①・③ ・豆太の人物像に関する問いを共有する。

		とですか。	・単元の終末に，ポスター作りをすることを伝える。
2	4	○「霜月二十日のばん」までの，豆太の心情を捉える。 ・物語の一文目のことばは，誰が話していると思いますか。 ・豆太はなぜ夜に一人でせっちんに行けないのでしょうか。	情報の活用① ・導入段階で，語り手という存在を押さえておく。 ・豆太の言動に着目することで，豆太の心情が読み取れるようにする。
	5	○豆太の人物像について考える。 ・<u>豆太は，どうして最後に「じさまぁ。」と起こしたと思いますか。</u>	情報の活用① ・下線部は，人物像に関する児童の問いを活用する。 ・読みの異なる児童どうしの読みや叙述に着目させ，どうつながるのかを考えさせる。
	6	○じさまの豆太への思いについて考える。 ・吹き出しのことばを想像して，書いてみましょう。	情報の活用② ・じさまの言動に着目させ，その意味を考えさせる。 ・挿絵に吹き出しを付ける。
3	7・8	○ポスター作りをする。 ・映画版『モチモチの木』のポスターを作るとしたら，どの挿絵を使いたいですか。	情報の活用③ ・挿絵を選ばせ，今までの読みと挿絵をもとに，キャッチコピーを考えさせる。
	9	○作ったポスターを交流する。 ・印象に残ったポスターは，どれですか。	情報の活用③ ・なぜ，そのキャッチコピーにしたのかを発表させる。

（西村信作）

【参考文献】
西郷竹彦（2005）『［最新版］西郷竹彦教科書指導ハンドブック　子どもの見方・考え方を育てる小学校中学年・国語の授業』明治図書，53-64
斎藤隆介・神宮輝夫（1979）「対談／斎藤隆介の文学と思想」日本児童文学者協会（編）『日本児童文学』偕成社，25-26

8 3年 春風をたどって

続き話を書き，級友と読み比べることを通して，
物語の見方を広げる

情報の活用の観点から見た本教材の特徴

　本教材は，主人公のルウが一人では探せない未開の地をノノンと一緒に行動することで，豊かな自然に巡り合う作品です。ルウの気持ちを読み取り，続き話を考え，それを級友と読み比べます。授業を通して，物語を想像する楽しさを味わうことができます。

❶ 自分に置き換えて考えることで内容理解も深まる教材

　本教材を読み進めるにあたり，中心人物のルウと自分を重ねて読むことで登場人物の気持ちを想像することができます。例えば，お腹をすかしているのにノノンについて行く，ノノンがお昼ご飯を探しに行くと言っているのに自分は残る，あまり親しくないのについて行くなど，児童がどちらか迷いそうな行動を示す表現があります。それを自問自答したり，自分に置き換えて考えたりして，登場人物の変化を読み取っていきます。

❷ 続き話が知りたくなる教材

　この教材の大きな特徴は，明日も美しい景色を見つけることを期待しながら，物語が終わることです。本文では「あした，ノノンをさそって，いっしょにさがしてみることにしよう」や，「わくわくしながら，ルウがねどこにねそべると…」というように，その後の展開を期待する書き振りになっています。「ノノンと一緒に探したのか」「どこへ行ったのか」「美しい景色が見られたのか」という思いが湧き上がってくるおもしろさを味わうことができ

ます。

情報を活用した授業づくりのポイント

情報の活用① 「一文まとめ」を級友と比べて読む（ア，ウ，エ）

　初読では，初発の感想を書くのではなく，級友と自分の読みの違いを捉えるために，物語を一文で表します。（以後，「一文まとめ」とする。）書き方は「○○が××によって，□□になるお話」とします。これを級友と交流すること〈参考情報〉で自分と他者との初読の読みの違いがわかります。級友の「一文まとめ」を読み，人物の心情変化に気付かせることがねらいです。

情報の活用② 挿絵や級友の発言や交流から想像して読む（ア，ウ，エ，オ）

　叙述だけでイメージできない児童もいるため，挿絵〈原情報〉や，級友の発言から自己の読みをつくるという指導が必要です。例えば，第2次ではルウの行動や様子から，ルウの気持ちを考えます。ここでは，ノノンがわかっている匂いをルウはわからず，「首をかしげました。」とあり，その挿絵によって，ルウの気持ちをより考えることができます。また，級友の「ノノンは匂いに気付いているのに，ルウは気付いていない」という発言で，「あっ！そういうことか！」「納得した！」というように，級友の発言と自分の思いをつなげて考えることで登場人物の気持ちの変化に気付くことができます〈産出情報〉。

情報の活用③ 自分の続き話を級友の続き話と比べて読む（エ）

　第4場面では，ルウが他にも同様の景色がないか気になり，「わくわくしながら」物語が終わります。その後，ノノンと一緒に探しに行ったのか，絶景を見られたのかなどを想像しながら，続き話を書きます〈産出情報〉。そして，級友と互いの続き話を読み比べるときには，相違点や共通点，それに互いの続き話のよさを伝え合うことで，物語を想像する楽しさを味わい，物語の見方を広げることができます。「わくわく」しない身近な森の景色を，あとになってルウがすばらしいと気付く，という内容の続き話も考えられま

す。このような続き話が生まれ，交流できれば，物語の見方が広がります。

単元の指導計画（全9時間）

次	時	○学習活動　・主な指示や発問	指導上の留意点
1	1	○「一文まとめ」を書き，交流をする。 ・範読を聞き，「一文まとめ」を書きましょう。（例）ルウが，ノノンと一緒に匂いをたどることで，綺麗な花畑の景色に出合うお話。 ○級友の「一文まとめ」を読み，感想を伝え合う。	情報の活用① ・「○○が××によって，□□になるお話」と書くようにする。 ・自分の「一文まとめ」と比べて，相違点や共通点，感想などを交流させる。
	2	○音読をして，内容の大体を捉える。 ・先生のあとに続いて読みましょう。 ・ペアで，「丸読み」をしましょう。 ・班で，もう一度読み合いましょう。	・教師の読み方をお手本とさせる。 ・正しく読めているか確かめさせる。
	3	○物語の場面ごとの設定を捉える。 ・登場人物は誰ですか。 ・場所はどこですか。 ・いつですか。	情報の活用② ・物語の設定を捉えることで，第2次の活動へとつなげていく。
2	4	○素敵な匂いを求めてノノンについて行くルウの様子を捉える。 ・第1場面で，ルウがため息をついたのはなぜですか。 ・第2場面で，ノノンにルウがついて行ったのはなぜですか。 ・なぜ，ルウはノノンの背中を見つめたのでしょうか。	情報の活用② ・挿絵を見て，ルウの様子を読み取らせる。 ・挿絵や級友の発言から想像をふくらませる。 ・ルウとノノンの様子を対比的に捉えさせる。
	5	○花畑を見たルウの様子を捉える。 ・「ためいきがこぼれる」とはどんな意味か，第1場面の「ためいきをつく」と比べながら考えましょう。	情報の活用② ・辞書を活用しながら，ルウの気持ちの変化を捉えるようにする。

		・「すごいや。」をどのように読みますか。 ・「ぼくは、もう少しここにいることにするよ。」と言ったのは、なぜでしょうか。	・音読をくり返しながら、気持ちを考えさせる。 ・挿絵と「うっとり」などの叙述とを関連付けながら考えるようにする。
	6	○寝床で寝そべるルウの様子を捉える。 ・前の場面の「うっとり」と、この場面の「うっとり」を比べましょう。 ・ルウは何に「わくわく」しているのでしょう。 ・ルウはノノンのことをどう思っているのでしょう。	情報の活用② ・何に「うっとり」しているのかに気付かせる。 ・ノノンと一緒に探すことやノノンの存在が大切であることに気付かせる。
3	7 ・ 8	○物語を振り返りながら、続き話を書く。 ・「春風をたどって」はどんなお話でしたか。 ・ルウはこのあと、ノノンと一緒に行動したでしょうか。 ・どんな景色に出合えるでしょうか。 ・続き話を書きましょう。	情報の活用③ ・場面ごとに、確かめるようにする。 ・一緒に行動したのか、新しい景色に出合えたのか、この2点に気を付けて書くように伝える。
	9	○続き話を読み比べ、交流する。 ・友達の続き話を読み、自分の続き話と読み比べましょう。 ・「△△の所が似ています。◇◇の所が違います。」などを伝え合い、感想も加えましょう。 ○単元をまとめ、学習を振り返る。 ・ルウの気持ちを考えるときに、どこに気を付けて読みましたか。 ・人物の気持ちを考えるときに、友達の考えを聞いて、わかったことやできたことはありましたか。 ・誰の（どんな）続き話が、とくに楽しかったですか。	情報の活用③ ・ペアや班で交流させる。 ・相違点や共通点に着目するようにする。 ・様々な伝え方を指示しておく。 ・挿絵や本文で着目した所を振り返らせる。 ・級友と話し合うことのよさや価値を感じることができるようにする。 ・理由も加えて述べるようにする。

（大橋健太郎）

9 3年　ワニのおじいさんのたから物

関連図書の紹介カードを作成することを通して，
あらすじをまとめる力を育成する

情報の活用の観点から見た本教材の特徴

　本教材では，物語で起こった出来事をあらすじにまとめることを通して，
登場人物の気持ちの変化や性格，情景について，場面の移り変わりと結び付
けて具体的に想像しながら読むことを学びます。中心人物であるおにの子と，
対人物であるワニのおじいさんとの行動や会話を読みながら，いつ，どこで，
誰が，何をしたか，どんなことがあったか，などの大事なことを落とさずに，
あらすじをまとめていきます。

❶ 物語に隠されたしかけ

　この物語は，場面ごとの出来事がわかりやすく書かれていると同時に，
様々なしかけが隠されています。昔話「桃太郎」とのつながりが匂わされて
いたり，ワニのおじいさんとおにの子との宝物の解釈（物質的か情景的か）
が違ったりする点が，物語の魅力となっています。昔話「桃太郎」とのつな
がりは？ワニを殺そうとするやつとは何なのか？おにの子が角を隠していた
帽子を脱いだのはなぜ？宝物とは？…様々な疑問が出てくることでしょう。

❷ 宝物の価値

　先述したようにこの物語の魅力は，おにの子が宝物（世界中で一番すてき
な夕焼け）を見つける場面ですが，児童の実態によっては，「結局宝物って
何だったの？」と結末が読み取れない場合も予想されます。素朴な疑問から
産出される情報を大切に学習を進めながら，「宝物とは何なのか？」「宝物は

見つかったのだろうか？」というような大きな疑問を解決し，３年生なりの「宝物」に対する解釈も交流しながら物語を味わいたいものです。

情報を活用した授業づくりのポイント

情報の活用① 「だれが，どのようにして，どうなった」カード（ア，カ）

　あらすじの要素は多岐にわたりますが，最低限押さえておきたいのは，『だれが，どのようにして（行動や気持ち），どうなった』という３点を短くまとめることです。場面ごとに短く一文でまとめていくために，これら三つの要素をカードや短冊の形に掲示し確認していきます。前時の復習場面で，フラッシュカードのようにクイズ形式にすれば，楽しみながら物語を確認できます。単元を通してくり返し活用することで，大事なことばに着目し，文を短くまとめていく力につながっていきます。

情報の活用② 「私にとっての宝物」を交流する（エ，オ，キ）

　「宝物」ということばは，児童にとって魅力的なことばでしょう。人物の行動や気持ち，ワニとおにの子が考える宝物を読み取っていきながら，「あなたにとっての宝物とは何ですか？」と問いかけ，交流する活動をします。ワニのように物質的な物（おもちゃ，ゲーム，お気に入りの物など），おにの子のように情景的な物（風景，場所，経験など），人間関係的なもの（家族，友達など），様々な宝物が出ることが予想されます。どの宝物がよいという話ではありませんし，道徳的な価値判断になってもいけません。級友から産出された情報を参考に，教材文に戻ったり，自分自身の生活経験と照らし合わせたりしながら，読みや考えを再構築していきます。

情報の活用③ 関連図書や資料を読み，紹介カードにまとめる（イ）

　「ワニのおじいさんのたから物」の，物語のあらすじをまとめることができたら，関連図書や資料を用いてそれらのあらすじをまとめ，紹介カードを作成する活動をし，資質・能力の定着と活用を図ります。例えば，原作『ぼうしをかぶったオニの子』に掲載されている他のお話の紹介カードを作成す

ることで，おにの子がどんな人物なのかがより明確になり，読みの解釈が豊かになります。

　また，児童の思考を揺さぶるという点から，昔話「桃太郎」の読み聞かせをしたり，ワニが出てくる絵本などからワニのイメージをふくらませたり，新聞広告『ボクのおとうさんは，桃太郎というやつに殺されました。』を見て感じたことを交流したりすることを通して，素材を多面的に捉え，読みを深めていきます。このように，様々な情報に触れるための教師の働きかけや，学習環境を整えることも重要です。

単元の指導計画（全9時間）

次	時	○学習活動　・主な指示や発問	指導上の留意点
1	1	○範読を聞いて初発の感想と学習の見通しをもつ。 ・物語のおもしろい点，疑問点を書きましょう。	・素材（おに，ワニ，宝物など）の疑問や，物語全体の疑問などを中心に書くようにする。
	2	○場面分けをし，ことばの意味の確認をする。 ・「時」「場所」「人物」に注目して場面を分けましょう。	・国語辞典指導の導入期であることも考慮して，モジュール的に時間を取ったり，他の時間も活用したりする。
2	3	○登場人物の行動や会話に注目しながら場面ごとの様子を一文にまとめる。（第1・2場面） ・おにの子，ワニのおじいさんは，どんな人物ですか。	情報の活用① ・「だれが，どのようにして，どうなった」カードを用いて，場面の様子を捉えさせる。
	4	○登場人物の行動や会話に注目しながら場面ごとの様子を一文にまとめる。（第3場面） ・ワニのおじいさんは，どうして	情報の活用① ・「だれが，どのようにして，どうなった」カードを用いて，場面の様子を捉えさせる。 ・おにの子の心の優しさ，ワニのお

		おにの子に宝物の場所を教えたのですか。	っとりした様子などを捉えさせる。
	5	○登場人物の行動や会話に注目しながら場面ごとの様子を一文にまとめる。（第4場面） ・宝物とは何なのでしょうか。 ・あなたにとっての宝物は何ですか。	情報の活用② ・ワニとおにの子の宝物を比較し、違いについて考えさせる。 ・物語のなかでの宝物、「私にとっての宝物」について想像し、短く説明させる。
	6	○物語のあらすじを書く。 ・大事なことを落とさないようにしましょう。また、短く言い換えたり、文を削ったりしながら書きましょう。 ・人物の心の動きや行動も表現できるとよいですね。	情報の活用① ・「だれが、どのようにして、どうなった」カードを用いて、大事なことを落とさないように物語のあらすじを考えさせる。人物の変容や物語の主題にも言及できるとなおよい。
3	7	○関連図書を読みながら、読みたくなるあらすじの要素を考える。 ・どんなあらすじなら、読んでみたくなりますか。 ・紹介するために、書き終わりはどのように表現しますか。	情報の活用③ ・これまで学習してきた「だれが、どのようにして、どうなった」カードを参考に、短くまとめさせたり、書き終わりの工夫（結末の言及の仕方、紹介のことばなど）を考えさせたりする。
	8	○関連図書の紹介カードを作成する。 ・物語のどの部分やことばに注目して、あらすじにまとめ、紹介しますか。	情報の活用③ ・グループ交流なども活用し、あらすじの要素を確認しながら作成させる。（作品によっては要素が変わる場合もあり。）
	9	○作成した紹介カードを交流し、学習のまとめをする。 ・学習を通して、気付いたことや学んだことは何ですか。	・単元を通した児童の変容の様子や、あらすじの重要性を価値付ける。

（髙木富也）

10 4年　ごんぎつね

表現の工夫に着目して，作品を読む
―ことばから情報を受け取る力を育む―

情報の活用の観点から見た本教材の特徴

　情報には必ず表現者の思いが含まれています。そこで，表現の工夫に着目し，その背景にまで思いを馳せることで，ことばや挿絵などの情報がもつ温もりを受け手なりに感じられるようにします。

❶「語り」という性質

　書き出しの一文に着目すると，「ごんぎつね」というお話が語り継がれていることがわかります。では，どんなきつねとして語られているのでしょう。

　冒頭部では，いたずら者として描かれている「ごん」。しかし，読後には「賢い」「健気」「かわいい」という肯定的な印象が受け手の心に残るようになっています。これは，叙述に散りばめられた表現の工夫によるものです。つまり，工夫が凝らされたことばから，語り手の「ごん」や兵十への愛情，ひいては作品のメッセージ性を受け取ることができるようになっています。

❷ 異なる挿絵

　本作品は，全教科書に掲載されています。しかし，挿絵はそれぞれ異なります。挿絵作家も一読者です。作風の差に加え，解釈の差が「ごん」の描き方の違いとして表れているのです。児童も一人ひとり自分なりの読みがありますが，それを言語化することは容易ではありません。そこで，自分の想像する「ごんぎつね」の挿絵を選んで，その理由を話し合わせることで，「ごん」や兵十の人物像，両者の関係を中心に，自分なりの読みを言語化するこ

とができます。

情報を活用した授業づくりのポイント

情報の活用① **一般的なきつね像と比べ，「ごん」を捉える（ア，キ）**

　昔話や諺を通じ，「いたずら好き」など，きつねの印象を全体で共有してから本作品を範読します。これは，「『ごん』も色々ないたずらをしていたのによい印象をもったのはなぜか」という点に疑問を感じさせるためです。第2次で，児童が語り手の存在に気付く布石となります。

情報の活用② **挿絵を選ぶことで，違いや成長を実感する（イ，ウ，エ，オ）**

　「一番しっくりくる『ごん』は，どれですか。」と問いかけます。その際，次のようにすると深い学びにつながりやすくなります。

　（例1）挿絵を選び，級友と交流する。

　　→　自他の違いが明らかになり，選んだ理由を聞きたくなる。

　（例2）第1・3次で挿絵を選ぶ機会を設定し，選んだ理由も語らせる。

　　→　第2次を通して自分の読みが向上的に変容したことが実感できる。

情報の活用③ **表現の工夫を読み，情報がもつ温もりを感じる（ア）**

　挿絵を選んだ理由を話し合うには，叙述を読み返す必要があります。着目することばは違っても，話し合っていくと共通点が見えてきます。その一つは，人物に関わる表現の工夫です。第2次では，情報（ことばや挿絵）を結び付けながら読み進めていきます。第5〜7時では，異なる表現の工夫と比べながら読むようにします。作者が思いを込めてつくった情報を自分なりに受け取り，その温もりを他の人にも感じてほしいという人間性を刺激するためです。

情報の活用④ **「ごんぎつね」の魅力を話し合う（ア，エ）**

　児童が「ごんぎつね」をきっかけに，文学作品への関心を高め，読書の幅を広げていくためには，次のような工夫が考えられます。

　（例1）「『ごんぎつね』を読みたくなるような紹介をしよう。」と題して，

次年度，「ごんぎつね」を学習する３年生に，作品の魅力を伝える。

（例２）書評やポップを付けた「ごんぎつね」の絵本を図書室に置いたり，高学年の児童と本作品の魅力を語る座談会を企画したりする。

（例３）地域の図書館や書店などと連携し，地域住民の方に本作品の魅力を知ってもらったり話し合ったりする場を設ける。

単元の指導計画（全９時間）

次	時	○学習活動　・主な指示や発問	指導上の留意点
1	1	○本作品を推薦図書として紹介するという学習の見通しをもつ。 ・このお話には，どんなきつねが登場すると思いますか。 ・一番しっくりくる「ごん」は，どれですか。	**情報の活用①** ・司書教諭や地域の図書館と連携して，教室や廊下を，きつねが登場する民話に触れることができる空間にする。 **情報の活用②** ・範読したあと，異なる挿絵作家が描いた「ごん」を示す。選んだ理由を交流させることで，叙述へ着目できるようにする。
2	2	○物語の大体を捉え，登場人物の人物像や関係について考える。 ・「ごん」がしたことは，全部でいくつありますか。 ・そのなかで，自分が選んだ「ごん」に一番ピッタリくる行動は，どれですか。	**情報の活用②** ・本作品を通して級友と関わり合えるように，挿絵作家が違う「ごんぎつね」の絵本を教室や廊下に置く。 **情報の活用③** ・「ごん」と兵十の言動や心情を表や色を用いて整理することで，物語の内容の大体を捉えることができるようにする。 ・叙述どうしを結び付けたり，他のことばに置き換えたりすることで，「ごん」を生き生きと表現している工夫に焦点化する。
	3	・つまり，「ごん」はどんな人物ですか。	・「ごん」のよい面だけを描いているわけではないことを取り上げ，

			児童の意識を語り手へと向けていく。
	4	○兵十をはじめとした語り手の工夫や思いについて想像する。 ・誰があなたと「ごん」をつなぎ合わせたのですか。	情報の活用③ ・「わたし」まで語り継いだ原点は兵十であることを確かめ、「語り手・兵十」の視点から、物語の捉え直しを図る。
	5	・兵十は加助に何を話したと思いますか。	・各場面の共通点を問うことで、叙述を結び付けて考える必然性をつくり、語り始めた兵十の思いに迫ることができるようにする。
	6	・兵十以外の語り手が付け足したことばもあるのでしょうか。	・兵十のことばとして違和感があることばに着目させることで、語り継いだ人の思いから、作り手の意図を受け取れるようにする。
	7	・もし、あなたが語り手なら、兵十が「ごん」を撃つ場面も話しますか。	・山場について話し合う場を設定することで、作品の魅力を自分なりのことばで語る言語活動への足がかりとする。
3	8	○本作品を推薦図書として紹介し、単元の学習を振り返る。 ・今、一番しっくりくる「ごん」は、どれですか。 ・「ごんぎつね」を推薦する準備をしましょう。	情報の活用② ・推薦する相手を決め、前時までの学習を振り返ったうえで、挿絵を選び直すようにする。 ・本の推薦の仕方について、地域の図書案や書店などの実例を示すことで、児童がイメージをもって活動できるようにする。
	9	・「ごんぎつね」を推薦してみましょう。 ・振り返りを書きましょう。	情報の活用④ ・文学を通して人と関わり合う場を経験ができるよう、フィードバックをもらったり、本作品の解釈を話し合ったりする機会を設ける。

（金子　瑛）

11　4年　友情のかべ新聞

放課後のミステリーを読み解き，「ぼく」の推理を批評する

情報の活用の観点から見た本教材の特徴

　本教材は，文学作品として位置付けられますが，教科書教材としては珍しいミステリー作品となっています。東君と西君という，いつも対抗心を燃やしてばかりの二人が，ある日の放課後をきっかけに心の距離を近づけていくこととなります。放課後に一体何があったのか，その謎を同じクラスメートである「ぼく」が解き明かしていきます。教材の特徴を作り出しているのは，語り手であるこの「ぼく」にあると考えます。

❶「ぼく」の語りが，読み手の問いを誘発

　いつも対立してばかりの二人が，一つのかべ新聞を作り上げたという事実を知り，「ぼく」は驚きます。新聞を作り上げた放課後に一体何があったのか，その謎を解き明かすため，二人の様子を観察し，考え続けます。そして，「ぼく」は「分かってしまった。あの日の放課後，何があったのか」とだけ語り，何が分かったのかについては，すぐに語りません。読み手は「一体，何があったのかな？」という問いを抱きながら，話を読み進めることになります。

❷「ぼく」の推理を一つの場面に集約

　「ぼく」は，すぐに放課後の謎について語りませんが，ある一場面に集約して，自分の推理を整理して語っています。そこでは，放課後の出来事だけではなく，その後，二人の心の距離がどのように近づいていったのかについ

ても推理し，語っています。ただし，その推理は二人の言動から納得できる
ものもあれば，納得しづらいものもあります。いっぽうで，「ぼく」の推理
を読まなかったとしても，二人の言動やかべ新聞の様子等から，読み手がある程度の推理を働かせることは可能でしょう。これらのことを踏まえると，
児童自身が名探偵となって放課後の謎を推理したり，それをもとに「ぼく」
の推理を批評したりすることで，物語全体を読み深めることが期待できます。

情報を活用した授業づくりのポイント

情報の活用① 放課後の謎について推理する（ア，ウ，エ）

　放課後に一体何があったのか，「ぼく」の推理が語られる場面を切り取った本文プリントを配付し，学習を進めます。東君と西君の特徴（好きな物や，人物像）を捉えておくことは，児童が推理をするうえでの大事な礎となります（第1時）。そして，「放課後に一体何があったのか」という問いを学級全体で共有します（第2時）。第2次では，東君と西君をアイコン化して黒板掲示し，その間隔を曜日ごとに操作しながら，互いの心情を考えるようにします（第3時）。そのうえで，放課後の謎について考えます（第4・5時）。大事なことは，テクストをもとに，複数の読みをつなげながら推理していくことにあります。「ペンの取り合いがきっかけになって仲直りした」「掲示板に青い線を引いてしまった」といった，漠然とした読み，局所的な読みでとどまらないように留意する必要があります。そのため，どの叙述からそう考えたのか，級友の読みとはどうつながるのかを考えるように促していく必要があります。

情報の活用② 「ぼく」の推理を批評する（ア，ウ，オ）

　児童なりの推理（読み）がなされ，考えがノートに整理された段階で，
「ぼく」の推理を含む本文プリントを配付します。それを読むことで，各々の推理と「ぼく」の推理との類似点や相違点が浮き彫りとなります。そこで，
「ぼく」の推理に納得できるかを問いかけ，その推理を批評する読みへとつ

なげていきます。油性ペンで掲示板を汚してしまった所をかべ新聞で隠した
という「ぼく」の推理は，かべ新聞の貼られた場所から納得できる児童も多
いことでしょう。しかし，後ろめたさで食欲がなくなり，プリンを取り合わ
なかったという「ぼく」の推理は，「ぼく」の憶測にすぎず，明確な〈根拠
情報〉はありません。そのような視点で「ぼく」の推理の妥当性を批評しま
す（第6時）。単元の最後には，おもしろいと思った所や，東君と西君は本
当に仲良くなったと思うかを中心に感想を書くことで，自己の読みを整理し，
まとめとします（第3次）。

単元の指導計画（全8時間）

次	時	○学習活動　・主な指示や発問	指導上の留意点
1	1	○登場人物の特徴を捉えたあと，初発の感想を書く。 ・東君，西君は，どんな子でしょうか。 ・「ぼく」は，どんな子でしょうか。 ・二つの点（初発の感想の観点）を中心に感想を書きましょう。	**情報の活用①** ・推理の場面を切り取った本文プリントを，配付する。 ・東君，西君，ぼくの特徴を捉え，東君と西君の好きな物が正反対で，いつも対抗心を燃やしていることを押さえる。 ・「ぼく・東君・西君について思うこと」「疑問に思うこと」等，観点を提示する。
	2	○あらすじを捉え，個々の問いを交流する。 ・1週間の間にどんな出来事がありましたか。 ・疑問に思っていることは，どんなことがありますか。	**情報の活用①** ・はじめの月曜日から次の月曜日まで，どのような出来事があったのかを，曜日ごとに確認する。 ・児童の問いを表出させ，「放課後に一体何があったのか」という問いを共有する。
2	3	○東君と西君の心の距離について考える。	**情報の活用①** ・心の距離を視覚化し，どちらが近

		・東君と西君の心の距離は，どのように変わっていったと思いますか。 ・ぼくは，二人のことをいつから気にするようになったと思いますか。	づいているのかが，分かるようにする。 ・月曜日から次週の月曜日までの心の距離を，曜日ごとに叙述から考えさせる。
	4 ・ 5	○月曜日の放課後，何があったのか，そして，その後の二人の行動の意味について考える。 ・月曜日の放課後，どんなことがあったと思いますか。みんなが名探偵になって推理してみましょう。 ・火曜日から金曜日までの二人の行動と，どうつながるのでしょう。	情報の活用① ・どの叙述（事実）から考えたのか根拠をもとに，述べることができるようにさせる。 ・級友の読みと，どうつながるのかを考えるように促す。 ・金曜日までの二人の行動から，その意味を考えさせる。 ・自分の推理（読み）を振り返ることができるように，ノートに書かせておく。
	6	○「ぼく」の推理が納得できるかを考える。 ・「ぼく」の推理と自分の推理を比べてみて，似ている所，違う所はどんな所がありますか。 ・「ぼく」の推理への納得度は，どれくらいですか。	情報の活用② ・児童の推理と「ぼく」の推理を比較させ，類似点や相違点に気付かせる。 ・納得度を１～５で表現させ，納得できる叙述，あるいは，納得できない叙述を明らかにし，理由を述べるようにさせる。
3	7 ・ 8	○単元最後の感想を書く。 ○感想を交流する。	情報の活用② ・「おもしろいと思った所」「東君と西君は，本当に仲良くなったと思うか」「今でも疑問に思うこと」等，観点を提示する。 ・お互いの感想を共有することで，感じ方の違いに気付くようにする。

（西村信作）

12 4年 スワンレイクのほとりで

情報を解釈したり推論したりして物語を味わう

情報の活用の観点から見た本教材の特徴

　本教材は，中心人物の「歌」がアメリカに旅行し，そこで暮らす人々，文化，言語，自然などに触れながら，多様性に気付くことや伝え合うことの楽しさを味わっていくという物語です。情報を取り出して解釈をしたり，推論を働かせたりする情報活用の力を育てることができます。

❶ 多様性を知る

　「アメリカに着いてからは毎日，おどろきと発見の連続だった。」とあるように，中心人物の「歌」は，異文化と触れ合い，社会や文化，自然，そして価値観の多様性に気付いていきます。児童も「歌」と同じ年齢であり，「歌」と同化しながら，この物語によって間接的に多様性について知ることができます。そして，人との関わりや見聞したことによって，「歌」の心情が変容していくことを自分自身と重ね合わせて読み進めることができる教材です。

❷ 簡潔な記述の奥に含まれる豊かな情感

　「書きたいことがいっぱいあるのに，心の中にある言葉を，うまくつかまえることができない。」という一文に表現されているように，この物語には「もどかしさ」があちらこちらに存在します。片言の英語でコミュニケーションをとるなかで，「伝わっているけれども，もっと伝えたい」ことがたくさんあるからです。この教材では，片言の英語で伝え合うという物語の設定のなかで，簡潔な会話表現（端的な情報）の奥に人物の豊かな情感が込めら

れていることに読者は気付きます。その奥に込められた情感について想像を広げたり深めたりすることがこの作品を豊かに味わうことにつながっていきます。

情報を活用した授業づくりのポイント

情報の活用① 人物の気持ちの変容や情景を場面の移り変わりと結び付けて想像する（ア，ウ，エ，カ）

　本単元では，言語活動に「読書座談会」を設定し，自己の読みを理由や根拠を挙げながら紹介したり，級友の意見や感想〈参考情報〉と比べたりすることで，〈産出情報〉を豊かにしていきます。この物語は，現在の「歌」―アメリカでの「歌」―現在の「歌」という構成になっています。アメリカでの「歌」の心情は，アメリカでの異文化体験，自然との関わり，グレンとの出会い等によって変容してきます。人物の気持ちの変容や情景について，場面の移り変わりと結び付けて想像を広げ深めていきます。とくに「はだの色も，かみの色も，目の色も，人それぞれにちがう。英語ではない言葉を話している人たちもいた。」「同じりすでも，しっぽがふさふさの銀色のりすもいれば，短いしっぽの茶色のりすもいる。」「グレンは，車いすに乗っていた。」等の情報から，多様性について理解します。自分の体験や知識，級友との意見などを重ね合わせながら，「歌」の心情の変容や変容のきっかけになった事柄について話し合わせます。

情報の活用② 描かれていない会話等について叙述に即して推論する

（ア，ウ，エ，オ，カ，キ，ク）

　英語が堪能ではない「歌」がグレンと会話をするなかでの「もどかしさ」に着目します。そして，「詳しく話ができたら，どのような会話をしたでしょうか。」という発問をもとに，「歌」とグレンとの会話を推論していきます。「思わず，ぎゅっと，グレンの手をにぎりしめたのはなぜでしょう。何を伝えたかったのでしょう。」や「グレンは，『歌』の名前をなぜ美しいと言った

のでしょう。詳しく伝えるとしたらどう伝えたでしょう。」など問いかけながら，描かれていない心情について，叙述をもとに推論していきます。推論したことは，都度，読書座談会で交流し，級友の意見との違いに気付いたり自分の考えを補足したりしていきます。そして，「物語の最後，『歌』はげんこう用紙にどのようなことを書いたでしょうか。」と発問し，この物語全体を俯瞰して，「歌」とグレンの出会いの意味，心情の変化などを踏まえて読書座談会を行います。

単元の指導計画（全7時間）

次	時	○学習活動　・主な指示や発問	指導上の留意点
1	1	○自己との対話を行う。 ・「4年生の1年間を振り返って，いちばん心に残っていること」について自分の1年間を振り返ってみよう。 ○教材文を読み，「なぜ，『歌』はアメリカの出来事がいちばん心に残っているのか」について考える。 ○学習の見通しをもつ。 ・物語を読んで，感じたことや考えたことを読書座談会で交流し，意見を広げ深めよう。	情報の活用① ・まず，自分の1年間を振り返ることで，心に残るためには，印象的な出来事やきっかけがあることに気付くようにする。 情報の活用① ・グレンとの出会い，異文化との出合いなどがきっかけになっていることなどに気付くようにする。毎回の授業で読書座談会を行い，根拠を挙げて自分の考えや感想を交流することを計画する。
2	2	○物語の構成について考える。 ・現在—アメリカ（グレンに出会う前）—アメリカ（グレンとの出会い）—現在の構成をつかもう。	情報の活用① ・「時」「場所」「人物」に着目して，構成を確かめる。
	3	○「『歌』はなぜ『アメリカに着いてからは毎日，おどろきと発見の連続だったのか』」をテーマに読書座談会を行う。 ・アメリカの自然，多様な人々，言	情報の活用① ・まず，「歌」の見聞したことや体験したことを取り出し，なぜそれが，驚きだったり発見だったりするのか自分の考えをもた

		語の違いについて着目し，日本と比べたり，自分の経験と比べたりしよう。 ・読書座談会で「自分はどう考えたのか，どこに着目したのか」について話し合おう。	せる。 ・都度，着目させたい描写について発問をして深めていく。級友と自分の考えの違いなどに気付き，納得したり新しい気付きが生じたりした場合は，ノートなどにメモをさせる。
	4	○「グレンはどのような男の子だろう」をテーマに読書座談会を行う。	**情報の活用①** ・情景，会話，行動等の情報を手がかりに人物像について話し合わせる。
	5 ・ 6	○「『歌』とグレンがもっとたくさん話し合えたとしたら，どのようなことを伝え合っただろうか」をテーマに読書座談会を行う。	**情報の活用②** ・会話に着目し，英語が堪能ではないゆえに伝えきれなかったことを推論しながら，会話を補わせる。 ・「えがおで『うん，うん。』と，うなずいていた。」「にている名前もあれば，全くちがう名前もある。」等の叙述に着目させる。
3	7	○「物語の最後，『歌』はげんこう用紙にどのようなことを書いたでしょうか」をテーマに読書座談会を行う。	**情報の活用②** ・物語全体を振り返り，アメリカの人々，自然，グレンとの出会いなどから，「歌」が何を得たり，考えたりしたのかについて話し合うようにする。
		○本単元の振り返りを行い，自分にとって4年生の1年間でいちばん心に残ったことは何かを考える。	・物語をきっかけに自分の体験を振り返ることによって作品世界を「自分事」でつないで味わうようにする。 ・次単元「4年生をふり返って」につなぐまとめにする。

（山下敦子）

13 5年　大造じいさんとガン（がん）

人物の心情の変容を物語の空所と関連付けて読む

情報の活用の観点から見た本教材の特徴

　この教材は，椋鳩十の代表的な作品です。作品の特徴はとして，語り手の視点，空所，情景描写などがあります。語り手の視点を意識することで，大造じいさんの心情を読み取ることができる作品です。

❶ 語り手の視点

　本作品は〈三人称限定視点〉であり，主に大造じいさんが視点人物，対象人物は残雪です。「わたし」である語り手は視点人物と同化しながら，その行動や心情を語っています。つまり，語り手の視点で読むことで，大造じいさんの心情の変容を捉えることができます。例えば，「冷え冷えするじゅうしんをぎゅっとにぎりしめました」は語り手のことばですが，実際は大造じいさんの行動です。「冷え冷え」や「ぎゅっと」などの語り手の副詞表現に着目して読むことで，大造じいさんの心情がわかります。

❷ 空所

　本文に書かれていないことを叙述との関連から導き出して読むように誘っている箇所を「空所」と言います。

　大造じいさんは，残雪とハヤブサによる戦いのあと，絶好のチャンスであったにもかかわらず，銃を下ろしてしまいます。大造じいさんが残雪を撃たなかった行為は語られていても，その心情については語られていません。つまり，ここが空所になります。空所を読むためには，叙述を関連させ意味付

けしていくことが必要不可欠です。

❸ 情景描写

　作品の至る所に色彩を伴った美しい情景描写が散りばめられています。それは，大造じいさんの心象を間接的に捉えることができるしかけとも言えます。例えば，「東の空が真っ赤に燃えて，朝が来ました。」という一文があります。ここには，日の出に照らされた空の風景と第3の作戦に臨む大造じいさんの強い決意が重なり合って表現されています。情景描写の有無が，読み手の印象をどう変化させるのか児童と考えてみるとよいでしょう。情景描写によって作品を味わい深く表現できる効果があることを捉えていきたいものです。

情報を活用した授業づくりのポイント

情報の活用①　単作品における比べ読み（ア，オ）

　語句と語句や，場面と場面とを比べて読むことで，登場人物の相互関係や心情を読むことができます。例えば，以下の語句を比べることで，大造じいさんの残雪に対する心象が異なっていることがわかります。

　　　○「ううむ。」（第1場面）⇔「ううん。」（第2場面）

　　　○たかが鳥のことだ（第1場面）⇔ただの鳥ではない（第3場面）

　　これらを読み比べるとき，なぜ変化しているのか根拠を求めて読み深めるとよいでしょう。

　　また，会話文を比べる際，音読をすることで児童によって声の大きさや抑揚などの違いが生まれます。なぜその違いが生まれたのか，双方向の意見を交流することによって深く読むことができます。

情報の活用②　空所を補填する読み（ア，エ，オ）

　この作品の最大の空所は「大造じいさんは，なぜ残雪を撃たなかったのか」です。また，大造じいさんの「正々堂々と戦う」という意味は語られて

おらず，ここも空所であると言えます。空所を読むためには，残雪との関わりのなかで変化していく大造じいさんの行動や様子を関連付けて読むことが必要です。児童によって，関連付ける叙述が異なりますが，その違いを交流することによって，各自の読みを明らかにしていくことができます。

　空所を補填する読みとして，物語を創作する学習活動が考えられます。児童の書いた物語は同一ではないため，読みの交流につなげることが期待できます。創作した内容と叙述との関連性に気を付けながら，作品を味わいたいものです。

単元の指導計画（全6時間）

次	時	○学習活動　・主な指示や発問	指導上の留意点
1	1	○設定や大まかな物語の構成を捉え登場人物の関係をつかむ。 ・一番心情が変化している人物は誰ですか。また，その場面はどこでしょうか。	・中心人物を捉え，大造じいさんの行動を整理する。
	2・3	○単作品内で語句を比べることを通して，人物の心情の変容を捉える。 ・「たかが鳥」から「ただの鳥ではない」に変わったのはどうしてでしょうか。 ・情景描写がある箇所を探してみましょう。また，情景描写があるのとないのとでは，どのような違い	**情報の活用①** ・それぞれの語句がもつ意味の違いに着目し，叙述と関連付けながら読み取ったことをもとに交流させる。 ・残雪に対する見方が少しずつ変化している大造じいさんの心情を捉えさせる。 ・情景描写に着目し，どのような心情が表れているのか根拠をもとに考えさせる。

		があるでしょうか。	
2	4・5	○作品の空所を叙述と関連付けて考える。	**情報の活用⑵**
		・どうして大造じいさんは残雪を撃たず，銃を下ろしてしまったのでしょうか。	・残雪の行動描写から状況を整理し，撃たなかった理由を叙述と関連付けて考えさせる。
		・銃を下ろした大造じいさんの心情がわかるようにお話を付け足してみましょう。	・創作する際，心情を表す情景描写を効果的に用いるように促す。
		・大造じいさんの「ひきょう」とは，どういうことでしょうか。	・一般的な「ひきょう」の意味を確認したあと，大造じいさんの「ひきょう」が何を指しているのか叙述をもとに理由を考えさせる。難しい場合，選択肢を用いる。
		・「正々堂々と戦う」とは何を指しているのでしょうか。大造じいさんがその後，どんなことばをつぶやいたか想像してみましょう。	・「ひきょう」が指す意味を踏まえて「正々堂々と戦う」意味を考えるようにする。
3	6	○学習をまとめる。	
		・「大造じいさんとガン」を読んで，心に残ったことは何ですか。	・これまで話し合ったことをもとに自分の考えをまとめる。
			・一人１台端末を用いて，全体に共有する。

（古沢由紀）

【参考文献】
中洌正堯（2021）「単作品内での比べ読み三題」『国語教育探究』第34号，2-9
Wolfgang Iser, 轡田收訳（1982）『行為としての読書―美的作用の理論―』（原著1976）岩波書店
松本修・西田太郎編著（2018）『その問いは，物語の授業をデザインする』学校図書

14　5年　銀色の裏地

自分の生活経験と重ねながら読み，
級友の創作話と比べ読むことで，見方・考え方を広げる

情報の活用の観点から見た本教材の特徴

　この授業では，「理緒」の見方・考え方が，なぜ変わったのか，どのように変わったのかについて自分の生活経験と重ねながら読み，「理緒」の心情の変化について考えます。また，級友の創作話と比べ読むことで，自身のものの見方・考え方を広げます。

❶ 児童にとって身近な題材

　本教材は，多くの児童が経験したことのある「クラス替え」をきっかけに物語が展開されます。「理緒」と同じような経験をしたり，似たような感情を抱いたりした児童も少なくないでしょう。今までとは異なる環境になる不安や期待，新しい人間関係を構築する難しさや楽しさなど，これまでの生活経験と重ねながら読むことで，「理緒」の心情に迫ることができます。

❷ 〈三人称限定視点〉での語り

　本教材は，「理緒」と「高橋さん」の関係を中心に描かれ，「理緒」から見た〈三人称限定視点〉で語られています。そのため，「理緒」の見方の変化を捉えていくことが，関係の変化を捉える際に重要になってきます。
　また，「高橋さん」の視点から物語を読み直すと，物語全体を俯瞰して読むことができ，物語の新たなおもしろさを味わうことができます。

情報を活用した授業づくりのポイント

情報の活用① 教材文と自分の生活経験や考えをリンクさせる（ア，キ）

　身近な題材のため，児童はこの物語に自分の生活経験をおのずと重ね合わせながら読むことでしょう。そこで，より自分事としてこの物語を捉えられるよう，自分自身と登場人物の言動や心情を比べながら第1時の初発の感想を書くように促します。

　「理緒」と「高橋さん」の関係が変化した大きな理由は，「理緒」の「高橋さん」への見方が変わったからです。そこで，第3時では，関係の変化について考えるために，「理緒」が何をきっかけとして，「高橋さん」への見方が変わったのかを探っていきます。見方が変わるきっかけ（出来事や言動）を押さえ，そのときの「理緒」が「高橋さん」をどのように捉えているのかを考えることで，「高橋さん」への心の距離がだんだんと縮まっていることに気付くことができます。その際，自分の生活経験と重ね合わせることで，「理緒」の心情に迫ることができます。さらに，「高橋さん」の言動に着目し，「高橋さん」の視点に立って読むことで，直接的には描かれていない「高橋さん」の「理緒」に対する思いも想像することができ，これから二人がよりよい関係を築いていくことも予想できるでしょう。

情報の活用② 級友の創作話と比べ読む（エ，オ）

　「理緒」は，「高橋さん」の思いに気付いたり，「銀色の裏地」という意味を知ったりしても，「だまってくもり空を見上げ続け」ていました。そこで，第4時では，「高橋さん」と見た空の出来事を「理緒」はどのように語るのか，「理緒」のその後を創作話として書くようにします。創作話を書くことは，児童がこの物語をどのように捉えたのか表現する場となります。その際，児童に語る場や相手を選択させることで，「理緒」の語りが想像しやすくなります。

◆語る場や相手

　　①帰ってから，「お母さん」に何と報告したのか

　　②その日の日記に，何と書いたのか

　　③数日経ってから，「高橋さん」に何と伝えるのか

　　④その他（児童が設定した語る場や相手）

　そして，級友の創作話と読み比べることで，「理緒」に「銀色の裏地」は，どのような意味をもたらしたのか，「高橋さん」との関係がどのように変わった（変わろうとしている）のか，共通点や相違点を見つけることができ，自己の読みや考えを再構築することにつながります。

| 情報の活用③ | **自己の読みを更新し，ものの見方・考え方を広げる（ウ）**

　初発の感想と単元を学習し終えたときの感想を比較し，自身のものの見方・考え方を見つめ直すようにします。つまり〈産出情報〉としての自己の読みを更新するということです。第5時では，児童にとってこの物語を学ぶことはどのような意味があったのか，何を学んだのかを書きまとめます。

単元の指導計画（全5時間）

次	時	○学習活動　・主な指示や発問	指導上の留意点
1	1	○単元の見通しをもつ。 ・5年生の「クラス替え」は，楽しみでしたか。 ・自分の「クラス替え」の経験を交えながら初発の感想を書いて，交流しましょう。	情報の活用① ・クラス替えの気持ちを想起させ，読みの構えをつくらせる。 ・「同じような経験をしたり感情を抱いたりした所」「登場人物の予想外だと思った言動や気持ち」などを書かせるようにする。 ・単元の終わりに，自分の考えがどのように変容したのか書きまとめることを伝える。
2	2	○設定や大まかな構成を捉え，登場人物の関係をつかむ。 ・人物どうしの関わりが表れてい	・人や時，場所などを確かめ，場面

		ることばを抜き出し，人物関係図を書きましょう。 ・いちばん関係が変化したのは「理緒」と誰ですか。	構成を捉えてから人物関係図にまとめるようにする。 ・いちばん関係が変化した所に着目させ，次時につなぐ。
	3	○「理緒」と「高橋さん」の関係の変化について考える。 ・「理緒」は，はじめ「高橋さん」をどのような人物だと思っていましたか。 ・「高橋さん」への見方が変化するきっかけとなった出来事や言動は何ですか。	**情報の活用①** ・児童の経験したことや気持ちを重ねながら「理緒」の心情を読み取るようにする。 ・「高橋さん」への見方の変化を図に表すことで，「理緒」の心の動きや見方の変化となるきっかけが複数あることを視覚的に捉えやすくする。
	4	○その後の物語を創作する。 ・「高橋さん」と空を見上げ，「銀色の裏地」を想像した「理緒」は，この出来事をどのように語るのでしょう。 ・友達の創作した「理緒」の語りを聞いて，自分の創作した語りを読み直しましょう。	**情報の活用②** ・この出来事が「理緒」にどのような影響を与えたのかを考えさせるために，語る場や相手を選択させてから，「理緒」の語りを想像させる。 ・級友の創作話を聞いてリライトさせることで，自分の考えを再構築できるようにする。
3	5	○単元を振り返り，学習をまとめる。 ・この物語を学習して，友達との関わり方や自分の気持ち，考え方がどのように変わりましたか。 ・友達の考えを聞いて，気付いたことや新たに考えたことは何ですか。 ・物語を読むときには，どのようなことに着目すればよいとわかりましたか。	**情報の活用③** ・初発の感想と今の自分の感想や考えと比較することで，どのような学びがあったのかを書きまとめるようにする。 ・級友と話し合うことのよさや価値を感じられるようにする。 ・児童の変容や努力を伝え，学びを自覚できるようにし，他の物語に生かすよう促す。

（日野朋子）

15　5年　たずねびと

複数の資料を重ねることで，物語の全体像を捉え，
考えたことを伝え合う
―「Padlet」「Google jamboard」「Google マップ」を取り入れて―

情報の活用の観点から見た本教材の特徴

　ICT を活用しながら「綾」の体験を追体験し，様々な事象や人物との出会いが「綾」の心情をどのように変えるのかを考えます。そして，級友と意見を伝え合うなかで「たずねびと」とは何かという主題に迫ります。

❶ 現代の生活と融合した戦争を題材にした教材

　本教材は，児童と同じような現代社会に生きる普通の小学5年生である「綾」が，広島の旅を通して，これまで知らなかった戦争や原爆について知り，その時代を生きた人々の思いを想像し，これからの生き方を考える物語です。「綾」と同年齢の児童は，「綾」に自分を重ねながら，学習を進めることができるでしょう。しかし，児童によって戦争に関する既有知識に差があるため，原爆や広島における被爆の歴史を知ることや，「死没者」「供養」「納骨」「慰霊碑」などの語句への理解は学習の構えをつくるうえで必要条件となります。また，「気が遠くなりそうだった」「うちのめされる」などの表現を正しく捉えることも，「綾」の気持ちを理解するうえで大切です。

❷〈一人称視点〉での語り

　本教材は，「綾」から見た〈一人称視点〉で語られています。「―」（ダッシュ）後には「綾」の心情がそのまま描かれており，「綾」の心情が読み取りやすくなっています。「綾」が，初めてポスターのなかにある「楠木アヤ」という名前を目にしたときと，川の前でメモの「楠木アヤ」の名前を指でな

ぞったときとでは，どのような違いがあるのかを考えることで，「綾」の見方の変化がわかり，「たずねびと」の主題に迫ることができます。

情報を活用した授業づくりのポイント

情報の活用① 複数の資料を活用し臨場感をもって教材と向き合う

（ア，イ）

　「綾」の心情をより深く理解するためには，「綾」が知り得る事実や実際に見たものを，児童も同様に知ることで，より人物に同化して読むことが期待できます。

　第1時では，「綾」が広島に行くまでに有しているであろう知識と同様の内容を児童と共有し，読みの構えをつくります。また，第2時では「Googleマップ」の地図やストリートビューを活用して，広島での足跡を辿ります。その際，「綾」が目にした「ご飯が炭化した弁当箱」「くにゃりととけてしまったガラスびん」等も，写真で共有します。そうすることで，より「綾」の体験を実感的に捉えさせることを目指します。

　そして，第5時では，「被爆者のおばあさん」のモデルである佐伯敏子さんを紹介し，物語における「被爆者のおばあさん」の役割を考えることを通して，作者の伝えたかったことに迫ります。

　このように様々な資料を用いることで，臨場感をもって教材と向き合うことができるでしょう。

情報の活用② ICT を活用し，級友の考えと比べ読む（ア，ウ，エ，カ）

　ICT を活用すると，自分の考えと級友の考えを瞬時に共有することができ，比較・関連付けが行いやすくなります。そこで本実践では，児童の考えをアプリ等を使って共有し，なぜそのような読みをしたのか，根拠と理由を伝え合う機会を多くもつようにします。そうすることで，それぞれの事象が「綾」に与える影響を相互に補完し合い，物語の全体像に迫ることができます。具体的には，教科書の本文を「Google jamboard」の背景に設定し，児童は

「起承転結」がわかるように印を入れます。また,「綾」の「アヤ」に対する関心度曲線や,心を突き動かされた心情曲線を重ねて比較し,級友の考えと交流します。さらに,「たずねびと」が誰(何)を指すのかを考え,意見を交流するなかで,「綾」が物語を通してどのように変容していったのかを自己の読みと他者の読みとを重ねながら,深めていくことができます。

このように,ICT を用いて,頻繁に級友と交流することで,自分だけでは気付かない読みを知り,自分の考えが再構築されることが期待できます。また,物語のしかけや主題により深く迫ることができます。

単元の指導計画(全6時間)

次	時	○学習活動 ・主な指示や発問	指導上の留意点
1	1	○単元の見通しをもつ。 ・戦争や原爆について知っていることはありますか。 ・初発の感想を書きましょう。 ・「たずねびと」とは,誰(何)を指すのでしょうか。	情報の活用① ・これまでに学習した戦争教材を想起したり,戦争に関わる写真などを共有したりすることで,戦争への理解を促す。 情報の活用② ・「Padlet」に初発の感想,「たずねびと」とは誰(何)かを投稿し,級友と意見を交流する。 ・単元の最後に,自分の考えがどう変容したかをまとめることを伝える。
2	2	○設定や大まかな構成を捉え,登場人物の関係をつかむ。 ・時,場所,人物を確認し,人物関係図を書きましょう。 ・場面分けをし,起承転結を捉えましょう。	情報の活用② ・教科書の本文を「Google jamboard」の背景に設定し,起承転結に印を入れるように指示する。

		・バーチャルツアーで「綾」の足跡を辿り，どこから「綾」が川を見たのかを予想しましょう。	**情報の活用①** ・「Google マップ」のストリートビューで「綾」の足跡を辿ることで，「綾」の見たものをより実感できるようにする。
	3	○「アヤ」への関心の強まりを捉える。 ・「綾」が「アヤ」への関心が最も強くなったのは，どの場面ですか。 ・「綾」の「アヤ」への関心度曲線を書き，考えを交流しましょう。	**情報の活用②** ・「Google jamboard」に関心度曲線を書かせ，それぞれの場面を選んだ理由を交流させる。
	4	○「綾」の変容はどこかを考える。 ・「綾」の心情曲線を書き，最も心を突き動かされた所はどこか，考えを交流しましょう。 ・それぞれの事象や人が「綾」に与えた影響は何でしょうか。	**情報の活用②** ・「Google jamboard」に心情曲線を書かせ，級友の曲線と考えを比べながら意見を交流させる。 ・それぞれの事象や人が「綾」に与えた影響を交流のなかでまとめながら捉えさせる。
	5	○物語における「被爆者のおばあさん」の存在について考える。 ・作者は「被爆者のおばあさん」を通して，何を伝えたかったのでしょうか。 ・「被爆者のおばあさん」の役割を一言で表すと何ですか。その理由を書きましょう。	**情報の活用①** ・モデルとなった佐伯敏子さんを紹介し，作者の伝えかったことに迫れるようにする。
3	6	○主題について考える。 ・「たずねびと」とは，誰（何）のことを指しますか。	**情報の活用②** ・「たずねびと」が誰（何）かを改めて考えさせ，それぞれの立場に分かれて意見を交流させる。 ・自分の考えが最初とどう変容したかをメタ認知できるように促す。

（黒田美幸）

16 6年　海の命（いのち）

「海の命」の学習経験をもとに，「いのちシリーズ」と
比べ読むことで，自分の考えを広げ，深める

情報の活用の観点から見た本教材の特徴

　「海の命」では，「太一」と他の登場人物（「与吉じいさ」「母」「おとう」）
との関係を捉え，それをもとに「太一」の生き方や考え方が，どのように変
化したのか，なぜ変化したのかについて，自分の考えをまとめ，広げていく
学習を行います。学習を拡張し，上記の「海の命」の学習経験をもとに，
「いのちシリーズ」と比べ読みをすることで，さらに自分の考えを深めます。

❶ 中心人物「太一」が成長する数多くの伏線

　「海の命」には，「太一」の生き方・考え方に影響を与える，成長に関わる
伏線が数多くあります。幾つか挙げます。「おとう」が越えられなかった壁
（瀬の主）の存在は，その子である「太一」が乗り越える展開を暗示させま
す。「与吉じいさ」の「千びきに一ぴき」の教えは，じいさの死によってよ
り強調されます。「母」の子を心配することばは結末にまで関わってきます。
それらは，瀬の主と対峙した「太一」の葛藤と「打たない」決断に収斂され
ていきます。

　上記のことばや場面に，児童は初読時から自然と引き寄せられていきます。
初発の感想で児童が紡ぎ出すことばは，「海の命」の学習の中心に深く関わ
ってきます。うまく活用していきたいものです。

❷ 「いのちシリーズ」との関連について

　「海の命」の学習経験〈根拠情報〉（ク）を生かして，立松和平の「いのち

シリーズ」〈原情報〉（イ）を読むと，類似点と相違点が浮かび上がってきます。「山のいのち」を例に挙げて，その幾つかを示します。

　「海の命」の中心人物「太一」に対して，「山のいのち」では「静一」が登場します。「太一」と「与吉じいさ」の関係は，「山のいのち」では「静一」と「祖父」に該当します。どちらも中心人物を導く対人物（メンター）としての働きを有しています。与吉じいさの「千びきに一ぴきでいいんだ。（後略）」に対応することばとして，祖父の「たべたりたべられたり。山の中のものはなにもむだがなくて，ぜんぶがぐるぐるとまわっているんだよ」があります。クライマックス場面，太一は「ふっとほほえみ，（中略）『おとう，ここにおられたのですか。（後略）』」と言います。ここに相当する場面として，静一が「かわいそうだね」と思わずことばをもらす場面があります。どちらも命と向き合う重要な場面です。「海の命」では，太一がクエを打たないことに意味がありますが，「山のいのち」では祖父が静一の目の前でイタチの息の根を止めるところに意味があります。もちろん，他の「いのちシリーズ」作品にも，「海の命」に対応することばや場面があります。そして，他作品と比較することで，「海の命」のことばや場面の独自性が色濃くなります。

情報を活用した授業づくりのポイント

情報の活用① 初発の感想交流から並行読書への導入（イ）

　初発の感想交流をもとに，学習課題を設定します。例えば，物語の基本展開である起承転結で分けるとするなら，「登場人物の相互関係（起承）」「なぜ，太一は，打たなかったのか（転）」や「『海の命』とは何か（結）」などです。これからの学習課題が定まった段階で，「いのちシリーズ」の各作品を提示し，その内容を予想させます。同じ作者，同じ「○○のいのち」という題名から，児童は「海の命」との類似点を探します。命と向き合う場面やメンターの存在などに気付くでしょう。並行読書では，「『海の命』と比べて，

気付いたこと，わかったこと」としてメモさせておき，第３次への布石とします。ロイロノートや Teams を活用し，互いの情報にアクセスできるようにしておきます。もちろん，「いのちシリーズ」の冊数の確保や本棚の準備など，物理的な環境整備に留意する必要もあります。

情報の活用② **自己の読みを更新する授業構成（ウ，エ，オ）**

第２次の学習では，自分の考えを「もつ」「広げる」「まとめる」の三つの段階を確保します。例えば，以下のような授業構成が考えられます。「❶課題把握（学習課題・めあての確認）」「❷手がかり探し（課題解決に関わる叙述に線を引く）」「❸自分の考えをもつ」「❹級友と考えを交流し，広げる」「❺自分の考えをまとめる」という流れです。本書「第１章　図３」（p.15）を参照すると，イメージしやすいと思います。❸では，本文のどのことばをもとに自己の読みが産出されたのかを明確にするために，❷で線を引いたなかから一文を引用する活動も考えられます。❹では，赤など色を変えてメモさせることで，級友により得られた新たな知見が明確になり，広がりを自覚化させられます。❷❸❹は，学習状況により流動的に扱うこともできます。

情報の活用③ **協働的に取り組む比べ読みの展開（エ，ク）**

第２次「海の命」の学習課題を「比べ読みの観点」，上記 **情報の活用②** で示した活動❶～❺を学習経験として活用します。並行読書のメモを参考にグループ分けをし，第３次は児童が主体的に取り組めるようにします。グループでの学習が行き詰まったときには，カンフル剤として，各グループによる「途中経過報告」や「特別講師／出張」と称した他グループからの「派遣」も考えられます。級友の読みを有効活用し，自己の読みを広げます。

「比べ読み」のあと，学習の振り返りをします。例えば，「比べたことで，どんな『違い』が明確になりましたか」などと問い，「海の命」の独自性に再度迫らせ，自己の読みをさらに深めます。

単元の指導計画（全10時間）

次	時	○学習活動　・主な指示や発問	指導上の留意点
1	1	○題名読みをする。 初発の感想を書く。	**情報の活用①** ・初発の感想で出た児童のことばを活用して，第2次の学習課題を設定していく。（下記第5時・6時は，学習課題の例として挙げる。）
	2	○感想を交流し，学習の見通しをもつ。 「いのちシリーズ」を並行読書する。	
2	3・4	○設定（時・場・人）や大まかな構成を捉え，登場人物の関係をつかむ。 ・「太一」と他の登場人物との関係が表れていることばを抜き出し，どのような影響を受けたか書きましょう。	**情報の活用②** ・p.158の活動❶〜❺をくり返し行う。 ・〈原情報〉と〈産出情報〉の関連がわかるように板書をする。 ・人物の関わりを，関係図として板書する。
	5	○「太一」が「クエ」を「うたなかった」のはなぜか考える。（クライマックス場面）	・第3次に向けて，児童が主体的に活動できるように，状況に応じて，❷〜❹の活動を流動的に行う。
	6	○「海の命」とは何か／「全く変わらない」のはなぜか考える。（結末場面）	
3	7・8	○「海の命」の学習経験をもとに，「いのちシリーズ」の一作品と比べ読みをする。	**情報の活用③** ・並行読書のメモや「途中経過報告」などを活用し，学習の進展を促す。
	9	○各グループで読みを交流する。	・級友と話し合うことのよさや価値を感じられるようにする。
	10	○単元を振り返り，学習をまとめる。 ・「比べたことで，どんな『違い』が明確になりましたか」	・児童の変容や努力を伝え，学びを自覚できるようにし，他の物語に生かすよう促す。

（片岡慎介）

17　6年　ぼくのブック・ウーマン

自分の生活経験や読書経験と結び付けて読み，
「本を読む」ことについて考えを深め，広げる

情報の活用の観点から見た本教材の特徴

「カル」の本に対する見方がどのように変わったのか，なぜ「ブック・ウーマン」の見方が変わったのかについて考えます。そして，懸命に働く「ブック・ウーマン」の思いや「本を読む」ことの意義や価値を，生活経験や読書経験と結び付けながら考えます。なお，「本を読む」とは書物に限定せず知識を得たり文学を楽しんだりすることを指します。

❶ 実在していた女性図書館員をモデルに創作した物語

本教材は，第2次世界大戦前の1930年代から，アメリカのケンタッキー州で，学校や図書館，店が近くにないような遠隔地に，馬に乗って本を届けた図書館員たちの実際にあった仕事をもとにして作られています。実際にあったことがもとになっていることを知ると，児童は興味をそそられ，自分たちの生活と比較し，過去や未来に思いを馳せ，「本を読む」ことについての見方を新たにすることでしょう。

❷ 設定「学習者とは異なる暮らしぶり」

「カル」の家族が住んでいる所は，児童とは大きく異なります。当然のことながら，暮らしぶりも異なります。日本の多くの子どもたちは学校に通っているため識字率も高く，教科書は無償で配付され，本は学校図書館や地域の図書館，本屋さんなどで読むことができます。インターネット環境も整いつつあり，様々な形で情報を手に入れることもできるようになっています。

そのため，「カル」のような生活を想像することは難しいでしょう。書かれていることはわかっても，具体的にその生活を想像することは容易なことではありません。そこで，できるだけ「カル」がどのような生活をしているのか想像を促す必要があります。「カル」の置かれた生活環境を理解してこそ，「カル」の「ラーク」や「ブック・ウーマン」に対する思い，本を抱きかかえるようになった「カル」の思いに迫ることができます。また，「ブック・ウーマン」の思いやその仕事の価値にも気付くことができます。

❸〈一人称視点〉での語り

　本教材は，中心人物「カル」から見た〈一人称視点〉で語られます。そのため，「カル」の思いや感じ方が直接的に描かれ，「カル」の心情の変化やものの見方・考え方が捉えやすくなっています。その反面，妹の「ラーク」や「父さん」「母さん」「ブック・ウーマン」の思いは直接的に描かれていません。それぞれの登場人物の会話や行動，「カル」から見た人物像を手がかりにしながら，それぞれの人物の思いを想像していかなければなりません。

情報を活用した授業づくりのポイント

情報の活用① 実際の写真や歴史的背景から理解を深める（イ）

　実際に使用されていた本は，ボロボロでも修復や補修をして大切に使われていたり，古い雑誌や新聞は，切り抜いてテーマごとにスクラップブックにまとめていたりしたようです。こうした図書館で働いている写真や，女の人が馬に乗って本を運んでいる写真がインターネットに掲載されています。それらを見ることで実際の様子を知る手がかりの一つとなります。仕事に責任や誇りをもって働いていたことを実感することでしょう。そこで，学習の導入時に，荷馬図書館員の写真を見ることで，興味をもたせるようにします。写真からわかることや予想できることを考えさせることで，どれほど大変な山に登り，どれほど大切に本を扱っていたのかを知ることができます。荷馬

図書館員の努力や苦労を実感できます。また，第3時の「ブック・ウーマン」の見方を考える際には，当時のアメリカ社会や女性の位置付けなど歴史的背景を知らせます。そうすることで，「カル」が初めて「ブック・ウーマン」を見たときの驚きなどを想像できます。

情報の活用② **手紙を書くことで「カル」の思いに迫る（ウ，エ，キ）**

第3時では，「カル」が手紙をプレゼントするなら，何と書くのかを想像します。文字を書いたことのないであろう「カル」が「ブック・ウーマン」に対して何と書くのか，手紙という形に書き表すようにすることで，児童が「カル」の変容をどのように捉えているのかが具体的にわかります。

情報の活用③ **本や図書館の歴史を知り，見方・考え方を広げる**

（イ，ウ，エ，キ）

第4時では，世界における本や図書館の歴史について知り，それらも踏まえて自分にとって「本を読む」ことはどういう意義や価値があるのか，自身の生活経験や読書経験と結び付けてまとめるようにします。読書などを通して，知識を得たり楽しみを感じたりして，生活や未来をよりよくしていこうとするきっかけをつくります。

単元の指導計画（全4時間）

次	時	○学習活動 ・主な指示や発問	指導上の留意点
1	1	○設定やあらすじをつかむ。 ・（写真を見せ）この人たちは，何の仕事をしているのでしょう。 ・これから学習するお話は，実在した荷馬図書館員の人たちをモデルに作られたお話です。 ・語り手は，誰ですか。 ・「カル」の家族は誰ですか。 ・「カル」はどんな所に住み，どのように生活していますか。 ・私たちのくらしと，どこがどの	情報の活用① ・馬に乗った女の人の写真を見せ，荷馬図書館員に興味をもたせる。 ・実在した人たちをもとにして作られた話であることを伝えることで，興味をもたせる。 ・視点を確認する。 ・「カル」の家族や住んでいる所，暮らしぶりを想像させることで，「カル」の思いや「ブック・ウーマン」の思い，その仕事の価値に

		ように異なりますか。	気付けるようにしておく。
2	2	○「カル」の本に対する見方の変化について考える。 ・「カル」は,どんな男の子ですか。 ・「カル」が本を読むようになったきっかけは何ですか。 ・なぜ「カル」は,家にこもりっきりの生活が気にならなくなったのでしょう。	・「カル」と「ラーク」を対比して板書することで,「カル」の思いを捉えやすくする。 ・「ブック・ウーマン」の思いを知ろうとしたことから,本を読むことの楽しさを知り,生活が充実していったことを押さえる。
	3	○「カル」の「ブック・ウーマン」に対する見方の変化について考える。 ・「カル」は,はじめ「ブック・ウーマン」をどのような人物だと思っていましたか。 ・なぜ「ブック・ウーマン」にプレゼントをしたくなったのでしょう。もし「カル」が,文字が書けるようになって,「ブック・ウーマン」に手紙をプレゼントするなら,何と書くでしょうか。	情報の活用① ・「カル」の物に対する価値観だけでなく,当時のアメリカ社会での女性の位置付けからも「ブック・ウーマン」への認識を押さえるようにする。 情報の活用② ・本を読めるようになった喜びや,どんなときにも本を無償で届けてくれる「ブック・ウーマン」への感謝の気持ちなどを「カル」の変容を踏まえて想像させる。
3	4	○「本を読む」ことに対する考えをまとめる。 ・昔々は石に文字を刻んで記録したり,ラクダで本を運んだりしてきました。図書館の歴史を少し覗いてみましょう。 ・あなたにとって,「本を読む」ことは,どのような意義や価値がありますか。生活経験や読書経験と結び付けて書きましょう。 ・あなたは,今どんな本を読みたいですか。それは,なぜですか。	情報の活用③ ・『本と図書館の歴史』(2010,西村書店)の内容を簡単にまとめたものを配付し,図書館の歴史を知ることで見識を広げる。 ・これまでの学習や図書館の歴史を踏まえて考えさせる。 ・級友と伝え合うことで様々な意義や価値を感じられるようにする。 ・読書意欲を喚起させ,生活につなげる。

（日野朋子）

【参考文献】
モーリーン・サワ,宮木陽子・小谷正子訳（2010）『本と図書館の歴史―ラクダの移動図書館から電子書籍まで―』西村書店

18 6年　模型のまち

情報を重ねながら読み，感じたことや考えたことを話し合う

情報の活用の観点から見た本教材の特徴

　物語の題名や情景描写，表現の工夫などに着目しながら，既習知識，読書経験や物語，資料など様々な情報を重ねながら読み深める「重ね読み」をします。

❶ 児童と重なる中心人物

　本教材は，小学6年生の亮が中心人物です。亮は，広島に転校し，原爆投下のことについて級友の真由から「なあんにも知らないんだ，あの子。」と言われる状態です。広島の町の模型づくりを経ながら少しずつ当時のことについて知り，自分事として捉えるようになっていく物語です。児童もこの亮と同じく，戦争のことについては，「なあんにも知らない」状態であることも多いでしょう。物語を読み進めるうちに，亮と同化し，亮が気付くことで児童も気付きが増えていきます。物語の各所に描かれた情景描写などの情報を探し出し，理解し，その情報の意図や効果を評価して熟考します。熟考するなかで児童も，亮と同じく「ひろしま」について考えを広げ深めることができる教材です。

❷ 過去，現在の往還

　教材文には，「いま，むかし，いま，むかし。亮の手の中で，玉がふれ合い，カチカチ小さな音がする。」とビー玉に寄せて，この物語には過去，現在の行き来があることを示しています。このようにこの物語は，原爆投下前

と現在を往還しながら，中心人物の気付きや心情が変容していく構成になっています。こうした物語の展開に着目しながら読み進めるなかで，表現の工夫や効果について考えることができます。展開や表現の工夫，効果について考える際には，既習知識や他の物語，資料から情報を重ねていくことでより具体的なイメージをもつことができます。

情報を活用した授業づくりのポイント

情報の活用① **教材文と既習知識や読書経験を重ねて読む（ア，キ，ク）**

　児童は，これまでに国語科や社会科，総合的な学習の時間などで戦争に関する事項を学んだり平和について考えたりする経験をもっています。教材文と出合う際に，既習知識や読書経験を持ち寄って話し合うことで，教材文の世界や表現をより具体的にイメージしていきます。特に，「ちいちゃんのかげおくり」（３年），「一つの花」（４年）などの既習の物語から得た情報（戦争について，人物の心情，暮らしの様子など）を本作品と重ねることが本作品の描かれている世界をより深く理解することにつながります。

情報の活用② **中心人物，級友，自己と対話し情報を重ねて読む**

（ウ，エ，オ，カ）

　中心人物の亮は，児童と同じ６年生の現代っ子です。まずは，亮と自分を重ね合わせながら，「なぜ，『なあんにも知らないんだ』と言われたのか」「模型のまちを作ることで亮にどのような変化があったのか」「出土品のビー玉を見たときの亮の変容」などについて考えていきます。そして，級友と意見を交流していくなかで，自己の読みが広がり深まっていきます。その際，「くり返し出てくる『ビー玉』のもつ意味が変わったのはどこからか」「白い模型のまちに，ふつうに色があったと亮が感じたのはなぜか」という問いを教師が投げかけることで，よりいっそう，表現の効果についての理解や作品の解釈が進みます。最後に，この作品を読んだことで自分のなかで起きた変化について振り返ります。〈産出情報〉を常に更新し，自己の感じ方や考え

を広げ深めることで自己との対話を行っていきます。

情報の活用③ **他作品，動画，資料などを重ねて読む（イ，オ）**

　物語を読み始めてすぐに，写真，動画，ノンフィクションの資料等を重ねて読むと作品の魅力が半減したり，ことばや文から想像を広げることが少なくなったりします。フィクションの世界をある程度味わったり吟味したりしたあとで，ノンフィクションの資料を重ねることでより具体性や鮮明なイメージ化ができます。ここでは，作品でくり返し出てくる「模型のまち」「原爆ドーム」「ビー玉」などのことばを手がかりに動画や資料などを重ねて読みます。

単元の指導計画（全6時間）

次	時	○学習活動 ・主な指示や発問	指導上の留意点
1	1	○教材と出合う。 ・扉の挿絵や題名から想像したことを話し合う。 ○初発の感想を交流する。 ○学習の見通しをもつ。 ・情報を重ねながら読み，感じたことや考えたことを話し合おう。	情報の活用② ・初読で感じたことや考えたことをノートに記録し，単元の最後の感想や考えと比較することを伝える。 情報の活用① ・既習単元で活用できる力（表現の工夫，物語の構成）や本作品を読み深めるために必要となる知識（戦争を題材にした物語の内容や歴史的な知識など）について話し合う。
2	2	○物語の構成について考える。 ＊いま，むかし，いま…というように時が行ったり来たりしている。 ○亮が出会った人物と時を表で整理し，亮の変容について考える。	情報の活用② ・「時」に着目して，構成を確かめる。 ・亮が真由や圭太と出会うことで変化していることに着目させる。
	3	○表現の工夫について考える。	・既習単元「注文の多い料理店」

		＊「模型のまち」「ビー玉」や色彩を表すことばには何か意味がありそうだ。	などを想起させ，くり返し出てくることば，色彩，題名などに着目して表現の工夫を見つけるよう促す。
	4	○表現の効果について考える。 ・模型のまちを作ることで亮にどのような変化があったのだろうか。 ・それぞれの場面で出てくるビー玉の意味するところは何か考えてみよう。 ○表現の効果について級友と話し合う。	・単に表現を見つけるだけではなく，人物の行動や心情と結び付けて工夫を考えるようにする。 ・まず，自己の読みをもち，付箋に記入するかタブレットのシンキングツールなどに入力しておく。 ・級友と対話するなかで，自分と同じ読み，補足，異なる読みなどを聞き分け，付箋やタブレットで読みをグループ分けする。
3	5	○工夫されている表現やことばについて他の資料などで調べる。 ○調べた資料と本作品を関連付けて，感じたことや考えたことをまとめる。	情報の活用③ ・教科書の QR コードを利用したり，インターネットで検索したりして動画や資料にアクセスするようにする。 ・動画，文献資料，他の物語など情報の種別を超えて調べるように助言する。
	6	○感じたことや考えたことを交流する。 ○本単元の振り返りを行い，付けた力の確認と探究したいことについてまとめる。	情報の活用①・②・③ ・初発の感想と比較し，自己の変容を捉えさせる。 ・作品世界と現実の世界との関連を意識し，イメージをより鮮明にしたり，「自分事」で考えたりするように助言する。 ・表現の効果が自己の感情を揺さぶることを理解させる。 ・第５時で調べたことで，継続して調べたいことや読みたい物語などを紹介する。

（山下敦子）

【編著者紹介】

吉川　芳則（きっかわ　よしのり）

【著者紹介】（執筆順，所属は執筆当時）

大阪・国語教育探究の会
（おおさか・こくごきょういくたんきゅうのかい）

吉川　芳則	兵庫教育大学大学院教授
一ノ瀬里紗	兵庫県明石市立朝霧小学校
平井　和貴	大阪府堺市立浜寺小学校
畠中　紹宏	大阪市教育センター
大橋健太郎	大阪府泉大津市立条南小学校
七ツ谷祐太	兵庫県西宮市立甲東小学校
田窪　　豊	元大阪総合保育大学教授
松村　聖也	大阪府大阪市立天王寺小学校
髙木　富也	滋賀県東近江市立能登川南小学校
大石　正廣	神戸松蔭女子学院大学教授
片岡　慎介	兵庫県西宮市立段上小学校
黒田　美幸	関西創価小学校
正木　友則	岡山理科大学准教授
山角　江美	大阪市教育センター
金子　　瑛	大阪教育大学附属天王寺小学校
古沢　由紀	大阪府大阪市立柏里小学校
中畑　淑子	兵庫県西宮市立段上西小学校
西村　信作	兵庫県尼崎市立立花南小学校
山下　敦子	神戸常盤大学教授
日野　朋子	大阪府大阪市立太子橋小学校

小学校国語　新教科書の授業づくりガイド
情報を活用する力を育てる教え方

2024年6月初版第1刷刊　©編著者　吉　川　芳　則
　　　　　　　　　　　　著　者　大阪・国語教育探究の会
　　　　　　　　　　　　発行者　藤　原　光　政
　　　　　　　　　　　　発行所　明治図書出版株式会社
　　　　　　　　　　　　　　　　http://www.meijitosho.co.jp
　　　　　　　　　　（企画）木山麻衣子（校正）有海有理
　　　　　　　　　　〒114-0023　　東京都北区滝野川7-46-1
　　　　　　　　　　振替00160-5-151318　電話03(5907)6702
　　　　　　　　　　　　　　ご注文窓口　電話03(5907)6668

＊検印省略　　　　　　　組版所　日本ハイコム株式会社

本書の無断コピーは，著作権・出版権にふれます。ご注意ください。

Printed in Japan　　　　　　　ISBN978-4-18-270620-2
もれなくクーポンがもらえる！読者アンケートはこちらから